CityCamping

Mit Zelt und Wohnmobil in die Toplagen der Metropolen

DELIUS KLASING VERLAG

BRUGGE
Tripel
KWAK

Inhalt

Salzburg, ab Seite 138

Lissabon, ab Seite 74

LARUS

Kopenhagen, ab Seite 114

Vorwort

Meine ersten Erinnerungen an Campingurlaube sind eng verknüpft mit sperrigen Hauszelten, deren Aufbau einen Großteil des Ankunftstages in Anspruch nahm, Luftmatratzen, bei denen man morgens mit dem halben Körper auf dem Boden lag, und Dauercamper in der Nachbarschaft, ausgestattet mit Jägerzaun und Gartenzwerg.

Die Camping-Erinnerungen meiner Kinder sehen dagegen schon ganz anders aus: Stunden voller Begeisterung in kindgerechten Naturkundemuseen, ein Picknick auf dem Dach mit Vogelperspektive auf die Innenstadt, Kochkurse mit regionalen Spezialitäten und zauberhafte Stadtführungen.

Nicht nur unsere Art und Weise, im Urlaub zu campen, hat sich in den vergangenen Jahrzehnten neu erfunden, auch die Ziele sind vielfältiger und vor allem urbaner geworden. Camping in London? Ja, das geht, und zwar hervorragend! Die grüne Umgebung sorgt am Abend für Erholung vom City-Rummel anstelle dünner Wände und trockenem Toastbrot in den bezahlbaren Hotels im Zentrum der Stadt. Natürlich gibt es in den meisten Metropolen auch Stellplätze, zum Teil sogar zentraler gelegen als die von uns ausgesuchten Campingplätze. Dennoch haben wir uns dafür entschieden, solche Campingplätze vorzustellen, die auch für Leute geeignet sind, die sich nicht komplett versorgen können und beispielsweise auf sanitäre Anlagen oder einer Wiese für ihr Zelt angewiesen sind. Die zusätzlichen Vorteile dieser Plätze sind ruhige Nächte und die Chance auf Entspannung.

Und Camping ist ja auch nicht gleich Camping. Der Unterschied zwischen einem Trip im Luxus-Wohnmobil und einem Urlaub im Tunnelzelt kann durchaus als gigantisch bezeichnet werden. Natürlich gibt es nicht nur die Extreme. Dachzelt, Wohnwagen, Wohnmobil oder Micro-Camper – (fast) jeder kann auf seine Kosten kommen. Wer noch kein eigenes Fahrzeug oder Zelt besitzt, sollte sich bei der Planung seiner Reise überlegen, wie er unterwegs sein möchte. Küche und Bad sind im Kastenwagen nicht möglich, dafür kommt man im Wohnmobil schlecht durch enge Straßen und volle Innenstädte.

Wer sich bisher lieber in den Flieger gesetzt hat, um eine lange Anfahrt zu umgehen, lasse sich gesagt sein: Campingurlaub ist die beste Gelegenheit, den Weg zum besonders erstrebenswerten Ziel zu machen. Soll heißen: Man muss ja nicht in einem Rutsch durchfahren, um dann gestresst und übermüdet anzukommen. Wer auf dem Weg einige Übernachtungen einplant, sei es am Straßenrand, auf einem Parkplatz oder einem idyllischen Campingplatz, und Sehenswertes entlang der Strecke besucht, hat am Ende möglicherweise mehr davon. Was eignet sich besser als Camping, um sich auf der Reise spontan für eine Pause zu entscheiden?

Bleiben wir gelassen und lassen die Erlebnisse auf uns zukommen. Vielleicht sind es die extra netten Campingnachbarn, das köstliche Baguette im Campingshop oder Ziegen im Streichelzoo, die beim nächsten Trip in die City als besondere Erinnerungen in unserem Gedächtnis bleiben.

Die Stadt ruft

Für Campingliebhaber gibt es nichts Schöneres als ihre Unterkunft mit an ihr Reiseziel zu transportieren und dort das Leben zu genießen. Nach einem Tag draußen, sei es in der Natur oder in einer Metropole, zurück in die eigene kleine Welt zu kriechen und es sich unter der vertrauten Bettdecke oder im Schlafsack gemütlich zu machen, das empfinden viele als einen größeren Reichtum als die frischen Laken eines Luxushotels.

Damit wird Camping zum Lebensgefühl und ist keine bloße Urlaubsalternative für Familien oder Studenten mit leeren Geldbeuteln. Die bunte Mischung, die sich auf Natur- und City- Campingplätzen dieser Welt versammelt, zeugt davon. Vom riesigen Reisemobil bis zum Zweimannzelt mit Picknickdecke ist alles drin. Eines aber haben (fast) alle Campingplatzbewohner gemeinsam: die Liebe zum Sich-Umschauen und zum Nachdenken darüber, wie die eigene Nomadenunterkunft noch optimiert werden könnte. Ist ein Tarp besser als ein Vorzelt? Wie praktisch ist ein Dachzelt, wenn es zu viert langsam eng im VW-Bus wird? Egal, ob Micro-Camper, Wohnmobil, Wohnwagen, Zelt, Dachzelt oder Bulli: Einige Fakten sollte man vor Antritt seiner City-Campingreise durch Europa erwägen.

Je größer, desto besser? Das trifft beim Camping nicht immer zu. Sogenannte Luxusliner haben vielleicht zusätzliche Annehmlichkeiten zu bieten, sie sind jedoch groß und schwer. Zu groß und schwer für einige Campingplätze, weshalb es dort Obergrenzen für das Fahrzeuggewicht gibt. Wer also mit einem Luxus-Reisemobil unterwegs ist, klärt besser vor der Buchung, ob es ausreichend Raum dafür gibt bzw. ob das Gewicht auf dem Platz zulässig ist. Gleiches gilt selbstverständlich auch für die Reiseroute, denn es gibt Straßen, Brücken und Wege, auf denen die Weiterfahrt nicht möglich oder sogar verboten ist.

Ob Skyline oder Tannenwald – beim Zelten eröffnet sich jeden Morgen eine neue Welt.

Flexibilität ist alles

Wer zeltet sollte im Voraus klären, ob es möglich ist, das Auto am Zelt zu parken. Während einige einen direkten Zugriff auf ihren Kofferraum einkalkulieren, wollen andere Reisende lieber ihre Ruhe und auch kein Auto auf der Zeltwiese haben. Hier sei noch einmal der Vorteil des Zeltens erwähnt: Im Gegensatz zu Wohnmobil, Kastenwagen und Bulli bleibt man mit dem eigenen Auto mobil und kann beispielsweise Ausflüge und Einkäufe erledigen.

Es mag sehr banal klingen, aber zwei Dinge sollte man nicht vergessen. Zum einen die Öffnungszeiten des Campingplatzes. Nicht alle Rezeptionen sind durchgehend oder in die Abendstunden hinein geöffnet. Es ist also besser, die Anreise passend zu planen, als am Ende frustriert vor der Schranke zu stehen. Zum anderen die Möglichkeiten des Bezahlens. Es kommt auch bei City-Campingplätzen vor, dass nur Barzahlung oder gerade keine Barzahlung akzeptiert wird. Um böse Überraschungen zu vermeiden, lohnt oft eine kurze Nachfrage. In einigen Ländern, zum Beispiel in Dänemark oder Frankreich, ist die Mitgliedschaft in einem Campingclub die Voraussetzung für den Aufenthalt auf vielen Campingplätzen. Diese kann im Voraus, meistens aber auch noch vor Ort abgeschlossen werden.

Wer mit Kühlschrank, Elektrokocher oder Klimaanlage ausgestattet ist, wird am Campingplatz wohl erst einmal den Strom anschließen, um die Batterien von Bulli und Co. zu schonen. Die Spannung auf europäischen Campingplätzen liegt bei 220–230 Volt und bedarf keiner weiteren Planung. Mit einem dreipoligen CEE-Stecker, auch Camping-Stecker genannt, verbindet man das Stromkabel mit dem Anschluss am Platz. Für mache Länder benötigt man aber zusätzliche Adapter, die man im besten Fall schon vor Fahrtbeginn besorgt. Manche Campingplätze verleihen Adapter, aber sicher ist sicher. Einige alte Campingplätze in Südeuropa verfügen lediglich über einen normalen Haushaltsanschluss. Diesen verbindet man mit einem Schuko-CEE-Adapter. Der Vorteil: Damit kann man sein mobiles Heim auch zu Hause mit Strom versorgen. Die ideale Ergänzung ist übrigens eine Kabeltrommel. Sie bietet ausreichend Kabellänge sowie Anschlüsse und erspart das Entwirren verknoteter Verlängerungskabel.

Der Weg zum Ziel

Bevor man die Fahrt zum Großstadt-Campingplatz antritt, sollte man sich über die Bestimmungen der jeweiligen Stadt bezüglich des Straßenverkehrs erkundigen.

Mief der 70er? Das muss heute nicht mehr sein.

Immer mehr europäische Haupt- und Großstädte setzen in ihrem Versuch, den Verkehr zu regulieren, auf strengere Maßnahmen. In London hat man beispielsweise eine „Ultra Low Emission Zone" zur Verbesserung der Luftqualität eingeführt. Wer dort mit dem Fahrzeug unterwegs ist, muss mit knapp dreißig Euro Maut rechnen. In anderen Städten, darunter Amsterdam, Rotterdam, Berlin und Hamburg gibt es Dieselfahrverbots- und Umweltzonen. Da es hier stetige Änderungen und Aktualisierungen gibt, empfehlen wir eine Recherche vor Reiseantritt.

Nichts wie raus!

Camping ist ein komplexes Thema und wer es liebt, der kann sich endlos damit beschäftigen und darüber austauschen. Während das Image des Wohnwagens in den letzten Jahren endgültig vom Staub befreit wurde, sind auch andere Formen des Nomadenlebens wieder in den Vordergrund gerückt. Radreisen mit dem Zelt, Wandern und Dachzeltreisen zum Beispiel. Camping ist in jedem Fall eine einzigartige Gelegenheit, Erinnerungen zu sammeln — Platz für Platz für Platz.

„Home is where my car is“ Luftschloss mit Nutzen

Platz ist auf dem kleinsten Autodach, möchte man meinen. Vielleicht erklärt gerade das den derzeitigen Trend zum Dachzelt. Das Drinnen für Draußen, nennen viele Enthusiasten liebevoll ihr aufklappbares Heim. Wo liegen die Vorteile?

Weniger bürgerlich als der Wohnwagen oder das Wohnmobil, aber bequemer als das Zelt auf dem Boden. Vielleicht lässt sich so eine Hommage an das Dachzelt beginnen. Es spendet ein Gefühl der Geborgenheit, wie wir es schon in den selbst gebauten Höhlen unserer Kindheit geliebt haben — und doch spürt man so weit oben deutlich die Elemente, von denen das Nest umgeben ist. Wenn der Wind um die kleine, selbst errichtete Festung pfeift und der Regen gegen die gut imprägnierten Stoffwände prasselt, dann kuschelt man sich mit der Gewissheit ein, dass man dennoch beruhigt schlafen kann. Das Dachzelt ist sozusagen ein Hybridwesen: Mit seiner Matratze spendet es Komfort, während seine Fenster und Wände den Bewohnern die Umgebung nicht vorenthalten.

Das Großstadt-Dilemma

Ein weiterer Pluspunkt für das Zelt in luftiger Höhe ist die Möglichkeit angenehm zu reisen, weil die Unterkunft zusammengeklappt auf dem Dachgepäckträger liegt und man mit seinem vertrauten Fahrzeug unterwegs ist, anstelle eines sehr viel größeren. So kann man mitsamt seiner sieben Sachen auch mal durch die engen historischen Straßen einer italienischen Großstadt zirkeln oder sich sogar in ein Parkhaus wagen.

Wer zentral in einer Großstadt wohnt, weiß um das Dilemma, dort einen Parkplatz zu finden. Dabei spielt es durchaus eine Rolle, wie groß das zu parkende Gefährt ist. Ein Auto mit Dachzelt bleibt in diesem Fall ein zu parkendes Auto. Im Winter kann der Aufbau problemlos in einer

Klarer Vorteil bei Safaris: So schnell steigt kein Raubtier die Leiter hoch.

Garage, im Keller oder auf dem Dachboden untergebracht werden und man muss nicht extra einen Stellplatz anmieten.

Das Magazin *Popular Science* stellte bereits 1937 das erste Dachzelt vor. „Car Top Carries Collapsable Tent" titelte es und zeigte ein aufklappbares Dachzelt, dessen Einstieg über dem Frontbereich des Wagens lag. So richtig in Fahrt kam die Produktion aber erst zwanzig Jahre später, als das italienische Unternehmen Autohome Dachzelte in Serie fertigte. Tatsächlich sehen diese ersten Varianten den heutigen Modellen ähnlicher als das durchaus beliebte Müller Dachzelt der DDR, das seit 1976 speziell für den Trabant erhältlich war. Wie spitze bunte Zwergenmützen thronen diese auf dem Klassiker aus Zwickau. Heute hegen und pflegen Sammler die letzten Zelte dieser Art.

Eine kleine Typenkunde

Drei Typen von Dachzelten sind auf dem Markt: Das Hartschalendachzelt, bei dem man sozusagen die Transportbox hochklappt und damit ein festes Dach und Seitenwände aus Stoff hat, und das Klappdachzelt, bei dem man das Zelt komplett entfaltet. Das dritte, das Hybriddachzelt versucht die Vorteile der beiden zu vereinen, indem man das Zelt aufklappt, aber auch einen Teil der Hartschale als Liegefläche nutzt. Je nachdem, wie oft und schnell und unter welchen Bedingungen man sein Luftschloss aufbauen möchte, gibt es Vor- und Nachteile. Das Hartschalenzelt kann man beispielsweise auch nass zusammenklappen, das Klappdachzelt hat ein besseres Platzangebot im aufgebauten und ein geringeres Packmaß im zusammengeklappten Zustand, außerdem ist es leichter.

Der gesamte Aufbau eines Dachzeltes kann mit etwas Übung in zehn Minuten erledigt sein. Das hängt natürlich von der Art des Zeltes und dem eigenen Geschick ab. Einige Zelte werden von Aluminiumstangen gehalten, die aufgeklappt werden müssen. Andere Modelle haben innovative Luftgestänge. Das Platzangebot reicht für bis zu fünf Personen. Wer sich ein weiteres „Zimmer" verschaffen möchte, der kann ein Vorzelt anbauen. Die meisten Hersteller haben passende Modelle im Angebot, doch es lohnt sich, im Voraus zu planen und sicherzustellen, dass sie auch erhältlich sind.

Der Preis ist heiß

Zwar sind Dachzelte nicht gerade günstig, doch verglichen mit der Anschaffung eines Wohnwagens oder eines Wohnmobils hält sich der Preis in Grenzen. Hinzu kommt, dass es einen guten Gebrauchtmarkt gibt. Trotzdem will der Dachzelt-Kauf gut überlegt sein, denn selbst wenn die Entscheidung für die Anschaffung gefallen ist, fällt die Auswahl des passenden Modells für das persönliche Outdoor-Erlebnis oft umso schwerer. Wie praktisch, dass man sich in Dachzelt-Dörfern einmieten und dort unterschiedliche Zelttypen testen kann. Ein spannendes Abenteuer, dem vielleicht viele weitere folgen ...

Ob Trabi oder Bulli – für fast jede Basis gibt es ein passendes Dachzelt. Die Vorteile liegen klar auf der Hand: Kein sperriger Anhänger und der Kofferraum bleibt frei!

Amsterdam

Kanäle in der ganzen Stadt und zahlreiche Kunstausstellungen der niederländischen Meister machen das goldene Zeitalter in Amsterdam spürbar. Wer sich lieber gleich auf das Jetzt besinnt, kann Fahrrad fahren, shoppen, modernes Design erleben, Poffertjes essen, Genever trinken, feiern und sich durch eine der lebendigsten und kreativsten europäischen Metropolen treiben lassen.

TIPPS FÜR DIE CITY

Public Transport: Das öffentliche Verkehrsnetz besteht aus Straßenbahnen, Bussen, Zügen, U-Bahnen und Fähren. Gut ausgebaut, bequem und einfach – so lässt es sich schnell zusammenfassen. Es gibt Stundenkarten und Tickets für ein bis sieben Tage. Ein englischer Routenplaner (www.9292.nl/en) hilft bei der Streckensuche. Mehr Infos unter www.iamsterdam.com

Fahrradvermietung: Wer sich nicht sofort mit seinem Leihfahrrad als Tourist outen möchte, sollte sein Rad auf jeden Fall bei **Het Zwarte Fietsenplan**

mieten. Die schwarzen Hollandräder sorgen für das original niederländische Fahrerlebnis und fügen sich ideal ins Stadtbild ein. Die typisch aufrechte Sitzhaltung ermöglicht den kompletten Überblick, sodass man nichts von Amsterdam verpasst. Auch Tandems, Lastenräder, Helme, Kinderräder und Fahrradsitze können gemietet werden.
Nieuwezijds Voorburgwal 146
1012 SJ Amsterdam
Telefon +31 85 273 74 54
www.black-bikes.com

Eine **Kulturelle Essenstour** lohnt sich, um Amsterdam mit all seinen multikulturellen Einflüssen von seiner leckersten Seite kennenzulernen. Drei Stunden schlendert man durch das das historische Zentrum von Amsterdam um alle Epochen der wechselvollen Stadtgeschichte zu erkunden. An ausgewählten Haltestellen werden *hapjes* serviert – so nennen die Niederländer ihr Fingerfood. Traditionell und kreativ – zusammen ergibt das eine komplette Mahlzeit, die vielseitiger nicht sein könnte.
www.amsterdamliebe.de

CAMPING

Der perfekte Ausgangspunkt für einen Citytrip nach Amsterdam ist **Camping Zeeburg Amsterdam**. Zum Campingshop gehört eine eigene Bäckerei, sodass man den Tag mit frischen Croissants beginnen kann, bevor man eine Viertelstunde mit dem Fahrrad ins Zentrum radelt. Alternativ fährt alle fünf Minuten eine Bahn in die City. Die Fahrt dauert etwa 25 Minuten. Drei moderne Waschhäuser sorgen für kurze Wege und ausreichend Duschmöglichkeiten, die Ziegen im Streichelzoo für begeisterte Kinder und ein Abendessen auf der Restaurant-Terrasse für die Möglichkeit, den Tag entspannt ausklingen zu lassen.

Ausstattung:
» Minimarkt
» Überdachte Gemeinschaftsküche
» Frischwasserzapfstelle
» Toiletten & Duschen

- Waschmaschine & Trockner
- Fahrradvermietung
- Kajakverleih
- Kostenloses WLAN
- Entsorgung für Chemietoiletten
- Hunde willkommen
- Eigene Bäckerei
- Kräutergarten
- Streichelzoo
- Café-Restaurant mit Terasse

Zuider IJdijk 20
1095 KN Amsterdam
Telefon +31 2 0694 4430
www.campingzeeburg.de

ESSEN

Budget: Eine 360 Grad Ansicht der Stadt kann man zu seinem Essen im **Blue Amsterdam** genießen. Das Café, gegründet von zwei Schwestern namens Lotte und Loes, befindet sich im Glasturm einer Einkaufspassage mitten im Zentrum und ist dank Aufzug auch mit müden Beinen bequem erreichbar. Frühstücken kann man hier den ganzen Tag lang, außerdem gibt es ein Mittags- und ein Abendmenü. Beliebt sind vor allem die Burger mit den köstlichen frites als Beilage. Aufgrund der exklusiven Lage ist eine Reservierung empfehlenswert.

Winkelcentrum Kalverpassage
Singel 457, 1012 WP Amsterdam
Telefon +31 2 0427 3901,
http://blue-amsterdam.nl

Budget: Reservierungen sind bei keinem der drei **Fou Fow Ramen Restaurants** möglich, und so muss jeder warten, der Amsterdams beste japanische Nudelsuppe

schlürfen möchte. Es gibt sechs Varianten der Weizennudeln in Brühe, von Huhn bis Schwein und einer Mischung beider mit Miso. Vegatarier kommen auf ihre Kosten, wenn sie die sorgfältige Komposition aus Seetang und Shiitakepilzen bestellen. Als Beilagen gibt es gyoza – gefüllte Teigtaschen, die gekocht oder gebraten werden.

Elandsgracht 2 a, 1016 TV Amsterdam/
Van Woustraat 3, 1074 AA Amsterdam/
Prinsengracht 411 H, 1016 HM Amsterdam
www.foufow.nl

Luxus: Die Wände des eleganten Speiseraums in **De silveren Spiegel** sind mit Repliken der Alten Meister dekoriert. Wer durch die Tür des 1614 erbauten roten Backsteinhauses tritt, den erwartet eine elegante und moderne niederländische Küche. Das könnte zum Beispiel mit Nordseekrabben gefüllter Hummer mit reifem Gouda oder Lamm von der Insel Texel mit Spargelmousse sein – kunstvoll serviert

auf exquisitem handgefertigtem Geschirr. Mehrgängige Menüs werden lediglich an den Wochenenden angeboten.

Kattengat 4–6
1012 SZ Amsterdam
Telefon +31 2 0624 6589
www.desilverenspiegel.com

NIGHTLIFE

Der Name der Bar kommt von der Oma des Besitzers, das Innendesign von **Rosalia's Menagerie** ist inspiriert von niederländischen Handelstraditionen, Destillieren und Innovationen. Das Ergebnis: eine gemütliche Bar mit Motivtapeten, Regalen voller Bücher und Nippes und gemütlichen Sesseln. Cocktails (nicht nur) auf Genever-Basis und Bio-Weine stehen auf der Karte. Das alles befindet sich im Boutique Hotel Misc Eat Drink, gelegen am Kloveniersburgwal, einem der ältesten Kanäle der Stadt. Bitte im Voraus reservieren.

Kloveniersburgwal 20
1012 CV Amsterdam
Telefon +31 2 0330 6242
www.rosalias.amsterdam

INSIDER-TIPP SIGHTSEEING

Kein Geheimtipp (und auf jeden Fall einen Besuch wert) ist das **Nemo**, das Amsterdamer Wissenschaftsmuseum, das anmutet wie ein großes grünes Schiff. Ein Highlight, auch ohne Eintritt für das Museum zu bezahlen, ist die riesengroße Dachterrasse, auf der Picknicks ausdrücklich erwünscht sind, und die einen unvergleichlichen Ausblick auf die Stadt ermöglicht.
Oosterdok 2, 1011 VX Amsterdam

Das Café und Restaurant **Pllek** aus Schiffscontainern liegt in der 1978 stillgelegten NDSM Werft und besitzt schon aufgrund der Lage einen ganz eigenen Charme. Man gelangt mit der Fähre auf das alte Werftgelände und es lohnt sich, eine kleine Runde über das Gelände zu drehen, das heute ein Kreativzentrum ist und regelmäßige Ausstellungen und Veranstaltungen beherbergt. Bei gutem Wetter unbedingt

eine Decke oder ein Handtuch mitnehmen, um in der Menge am Strand zu liegen. Im Pllek finden Konzerte, Performances und Yoga-Workshops und -Kurse statt. Teilweise ist eine Anmeldung erforderlich.
T.T. Neveritaweg 59, 1033 WB Amsterdam
Telefon +31 20 290 0020
www.pllek.nl

Wie ein Hexenhäuschen im Märchen mutet das ehemalige Pumpwerk an. Das kleine weiße Haus liegt malerisch und schlicht, mitten im Grünen und Zugang zum See. Dabei ist man immer noch mitten in Amsterdam – genauer gesagt in der **Distilleerderij 't Nieuwe Diep** im **Flevopark**. Hier werden rund 100 verschiedene Genever, Liköre, Magenbitter und Fruchtdestillate in kleinen Mengen produziert und in der Probierstube zur Verkostung angeboten. Dabei setzen

die Destillateure auf Zutaten in Bio-Qualität und alte niederländische Rezepturen. Wer möchte, macht es sich auf der Terrasse bequem und blickt dabei direkt auf die Obstplantagen (es gibt auch alkoholfreie Getränke und Bier). Im zugehör gen Shop kann man die Produkte übrigens auch gleich abgefüllt mit nach Hause nehmen. Doch sollte man Bargeld dabeihaben, denn Kartenzahlung ist nicht möglich.
Flevopark 13a, 1095 KE Amsterdam
www.nwediep.nl

Barcelona

Die spanische Küstenstadt verzaubert zweifelsohne jeden Besucher. Nicht nur ihre weißen Sandstrände und die viel gefeierte Architektur machen den Charme Barcelonas aus. Die schier grenzenlose kulturelle Vielfalt, die Offenheit der Einwohner und ihre Bereitschaft jederzeit zu Feiern sorgen für das richtige Lebensgefühl unter der iberischen Sonne.

TIPPS FÜR DIE CITY

Public Transport: Barcelona hat ein sehr gutes Metro-Netzwerk, bestehend aus acht Linien und 161 Stationen. Die meisten Linien sind U-Bahnen und sie verbinden das Zentrum von fünf Uhr morgens bis Mitternacht mit den äußeren Bezirken. Nachtbusse ergänzen das System. Mehr Infos unter www.tmb.cat

Fahrradvermietung: Fahrräder im Vintage-Style, die doch modern sind. Der Fahrradverleih **Cruising Barcelona** vermietet Fahrräder und E-Bikes der Firma Electra. Bequeme Sättel und glänzende Rahmen machen die Fahrt durch die City zu einem Erlebnis. Die Tagesmiete ist günstig, jedoch ohne jede Versicherung. Diese lässt sich auf Wunsch dazubuchen.
Carrer d'Enric Granados, 5
08007 Barcelona
www.cruisingbarcelona.com

Wer Barcelona aus einer vollkommen neuen Perspektive erleben möchte, der setzt am besten einen Helm auf und klettert in einen der Beiwagen der Motorräder von **BrightSide Tours**. Ein privater Guide fährt das Motorrad und führt dabei auf der halbtägigen Tour quer durch das pulsierende Barcelona. Natürlich inklusive Fotopausen.
www.brightsidetours.com

CAMPING

Zelten unter Kiefern, das Wohnmobil am Strand und Barcelona mit allen seinen Attraktionen in Reichweite. Das bietet der Campingplatz **Tres Estrellas Camping Barcelona**. Gäste haben die Wahl zwischen Luxusparzellen und einfacheren Standplätzen. Ausgestattet ist der Platz unter anderem mit einem Swimmingpool und einer Bar. Mit dem Auto erreicht man die Innenstadt in etwa 20 Minuten, mit dem Bus sollte man eine knappe Stunde einplanen.

Ausstattung:

» Toiletten & Duschen
» Waschmaschinen
» Geschirrspüler
» Grillzone
» Kostenloses WLAN
» Entsorgung für Chemietoiletten

- Pool
- Bar
- Fahrradvermietung
- Wäscheservice
- Hunde erlaubt

C-31, km 186,2
08850 Barcelona
Telefon +34 9 3633 0637
www.tresestrellascampings.com

ESSEN

Was 1928 als Bar begann, ist heute ein beliebtes Restaurant mit typisch katalanischer Küche. Im **Bar Muy Buenas** isst man beispielsweise esqueixada, ein Salat aus gesalzenen Kabeljau-Stockfisch-Streifen mit Tomaten oder einen traditionellen Gemüseeintopf mit Schweinefleisch namens fricandó. Serviert in einer Umgebung, die die Geschichte des Ortes fühlen lässt, inklusive einer riesige Marmortheke und kunstvollen Holzverkleidungen.
Carrer del Carme, 63, 08001 Barcelona
Telefon +34 9 3807 2857
www.muybuenas.cat

Budget: Bio-Produkte, die es zum Teil aus eigenem Anbau im Garten bezieht, verarbeitet das Team von **Auto Rosellon** zu kreativen Geschmackserlebnissen. Dabei ist es egal, ob man das Café mit den kornblumenblauen Türrahmen zum Frühstück, Mittagessen oder abends betritt und ob man das Tagesgericht (wochentags) oder eines auf der Karte wählt. Satt und zufrieden wird man es wieder verlassen. Aufgrund der Beliebtheit empfiehlt sich eine Reservierung.
Carrer del Rosselló, 182
08008 Barcelona
Telefon +34 9 3853 9320
www.autorosellon.com

Vom Feinsten: Der Name lässt es schon erahnen: In seiner **Enoteca** legt Küchenchef Paco Pérez ganz besonderen Wert auf die Güte der Weinkarte. Direkt am Hafen kann man hier exquisite Weine genießen und gleichzeitig in der mit zwei Michelin-Sternen ausgezeichneten mediterranen Küche schwelgen. Das ganz in Weiß gehaltene Interieur passt dazu ganz hervorragend. Reservierung empfohlen.
Carrer de la Marina, 19, 21
08005 Barcelona
Telefon +34 932 21 10 00
enotecapacoperez.com

NIGHTLIFE

1912 ist das Jahr, in dem die Titanic sank und in dem der Entdecker Robert F. Scott auf dem Weg zum Südpol einfror – und das Jahr, in dem die Bäckerei **La Confiteria** eröffnete. Letzteres ist eine Erfolgsgeschichte, wenn auch keine Süßwaren, sondern Flaschen mit alkoholischen Getränken aus der ganzen Welt die im Original erhaltenen Regale füllen. Die Cocktails sehen aus wie kleine Kunstwerke und schmecken auch so.

Carrer de Sant Pau, 128
08001 Barcelona
www.confiteria.cat

HIGH-LIGHT

INSIDER-TIPP SIGHTSEEING

Der Aufstieg zum **Bunker del Carmel** lohnt sich für alle, die eine unvergleichliche Aussicht über Barcelona genießen und dabei die Ruinen der Bunkeranlagen auf dem **Turó del Carmel** erkunden wollen. Ein paar Kacheln an den Wänden lassen sich noch entdecken, ebenso Reste vom alten Fußboden. Wer den Spaziergang vom **Park Güell** bis hierher unternimmt, sollte ein Picknick mitnehmen. Zwar ist der Ort nicht verlassen,

aber noch immer ein bisschen ruhiger als viele andere Plätze in Barcelona.

Eines der unbekannteren Gebäude von Gaudí ist das **Casa Vicens** im Stadtteil Gràcia. Gebaut wurde das Haus zwischen 1883 und 1885. Da Gaudí hier noch mit maurisch anmutenden Stilelementen arbeitete, sieht das Gebäude mit seinen geometrischen Kacheln und geordneten Formen auf den ersten Blick gar nicht wie eines seiner Werke aus. Das Innere des Hauses ist erst seit einigen Jahren für Besucher geöffnet und steht dem beeindruckenden Äußeren in nichts nach.

Carrer de les Carolines, 18–24
08012 Barcelona
http://casavicens.org

Vielleicht ist das Kunstwerk **El beso – der Kuss** nicht gerade ein Geheimtipp, denn das Kachelmosaik wird gern als Hintergrund für ein Selfie (mit oder ohne Kuss) genutzt, doch viele Touristen übersehen es auch. Wer aber denkt, dass es sich bei dem Werk von Joan Fontcuberta lediglich um die Abbildung von aufeinandertreffenden Lippen handelt, sollte nähertreten und sich dabei den Titel auf der Zunge zergehen lassen: „In jedem Kuss wird die Welt neu geboren“, das ist ein Meer aus Foto-Kacheln, die für die anonymen Einsender Freiheit bedeuten. Das kann der Ozean sein oder die Familie. Zu finden am Plaça d'Isidre Nonell.

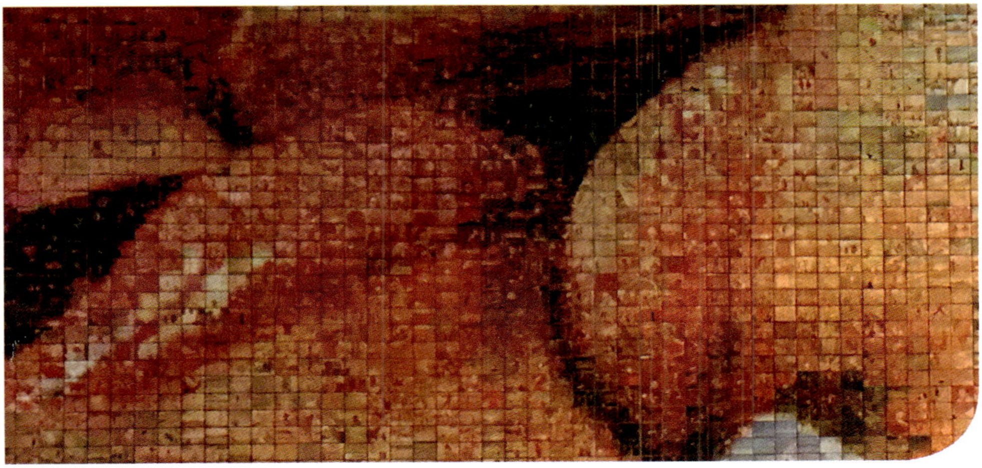

Berlin

Willkommen in Berlin! Mit ihrer verrückten Mischung aus Staub und Glanz zieht die Hauptstadt all jene in den Bann, die eine dynamische und pulsierende Kultur, innovative Architektur und vielfältiges und gutes Essen mögen. Ganz gleich, ob Sightseeing, Bootsfahrten auf der Spree, ein Besuch im Tierpark oder Partys, die ein ganzes Wochenende lang dauern: In Berlin findet jeder, was er sucht!

TIPPS FÜR DIE CITY

Public Transport: Die Berliner Verkehrsbetriebe bieten eine gute Auswahl an Dauerkarten an. Ob allein oder in der Kleingruppe, ein Tagesticket oder die Wochenkarte. Mit der BVG App lassen sich die Verbindungen schnell und unkompliziert anzeigen. Mehr Infos unter www.bvg.de

Fahrradvermietung: Die **Fahrradstation** vermietet von zwei Standorten aus Fahrräder jeglicher Couleur. Ob City Bike oder E-Lastenrad, Moutainbike oder Rennrad – über zehn Fahrradtypen laden zur Radtour ein. Wer nicht allein in die Pedale treten möchte, kann zusätzlich eine von vielen individuellen Touren buchen. Sei es die MauerGuide-Tour oder eine Stadtrundfahrt.
Fahrradstation, Auguststr. 29A
10119 Berlin-Mitte und
Dorotheenstraße 30
10117 Berlin
http://fahrradstation.de

Wer es retro mag, der sollte sich eine Fahrt mit einem **Traditionsbus** aus den Siebziger- und Achtzigerjahren nicht entgehen lassen. Diverse Ziele, wie zum Beispiel die Pfaueninsel, werden von den blassgelben Bussen angefahren. Die beste Aussicht auf Berlin bekommt man natürlich vom Oberdeck der Doppeldecker.
www.traditionsbus.de/linie_218.htm

Berlin WelcomeCard: Die für Touristen entwickelte Berlin WelcomeCard lässt sich je nach Bedarf für zwei bis sechs Tage buchen (eine zusätzliche Option ist die Museumsinsel) und gilt für Fahrten mit der U-Bahn, S-Bahn und dem Bus. Für viele touristische Ziele erhält man zusätzlich Ermäßigungen. Mehr Infos unter www.berlin-welcomecard.de

CAMPING

Wer den Tag gern mit einem kühlen Getränk im Biergarten ausklingen lässt und dabei die vorbeifahrenden Schiffe beobachten möchte, könnte vom CityCamp Süd aus Berlin erkunden: Direkt am Wasser liegt der entspannte Campingplatz mit kostenlosem WLAN und Kinderspielplatz. Je nachdem, wie viel Luxus im Camping-Urlaub erwünscht ist, kann man Brötchen bestellen oder es sich am Frühstücksbuffet schmecken lassen. Wer gern angelt, kann die Schnur

direkt vom Stellplatz auswerfen. Das Gelände war übrigens eine ehemalige Grenzübergangsstelle von der DDR nach Berlin-West auf dem Teltowkanal und es befindet sich

noch ein Grenzturm auf dem Platz. Die Besichtigung ist nur für Gäste möglich.

950 Meter sind es zur Bushaltestelle, von wo aus man in etwa einer halben Stunde in der City ist. Doch auch mit dem Rad ist es möglich: Der Großteil der knapp 15 Kilometer langen Strecke führt über eine autofreie, asphaltierte Fahrradstraße. Nur 8 Kilometer sind es bis ins Potsdamer Stadtzentrum. Der Weg führt entlang des Kanals und ist auch für Spaziergänger empfehlenswert.

Ausstattung:
» Frühstücksbuffet
» Brötchenverkauf
» kostenloses WLAN
» Waschmaschinen/Wäschetrockner
» Geschirrabwaschplätze
» Gasflaschentausch
» Frischwasserzapfstelle
» Entsorgung für Chemietoiletten
» Briefkasten an der Rezeption
» Kinderspielplatz
» Biergarten
» Wasserwandermöglichkeiten
» Angelmöglichkeiten direkt am Stellplatz
» Hotspot
» Hunde erlaubt
» Hotel und Campingplatz ganzjährig geöffnet

City Camping Süd: Bäkehang 9A
14532 Kleinmachnow
Telefon 033 2037 9684
www.city-camping-berlin.de/campingsued.html

Im Schatten alter Bäume kann man sich auf dem Campingplatz CityCamp Nord erholen. Hier gibt es keine Angelmöglichkeiten am Stellplatz – ansonsten gleicht die Ausstattung der vom CityCamp Süd. Etwa 900 Meter sind es zur nächsten Haltestelle, von wo aus man in knapp über einer halben Stunde die Innenstadt erreicht.
City Camping Nord: Gartenfelder Straße 1
13599 Berlin
Telefon 030 3350 3633
www.city-camping-berlin.de/campingnord.html

ESSEN

Budget: Das Konzept des vietnamischen Restaurants **Monsieur Vuong** ist so einfach wie gut und wurde daher schon dutzendfach in der ganzen Stadt kopiert: Aromatische Suppen und andere Hauptspeisen aus frischen Zutaten und Kräutern

verströmen den Duft von Zitronengras, Curry und geröstetem Sesam. Dazu gibt es würzige Tees und auch kalte Getränke. Reservierungen sind nicht möglich, daher kann man vor allem am Nachmittag entspannt sitzen und noch ein wenig bleiben.
Alte Schönhauser Str. 46
10119 Berlin-Mitte
Telefon: 030 9929 6924
www.monsieurvuong.de

Vom Feinsten: „Brutal Lokal" ist das Motto des Sternerestaurants **Nobelhart und Schmutzig**. Mit diesem Motto werden seit 2015 die ausschließlich lokalen Lebensmittelproduzenten aus dem Berliner Umland in den Vordergrund gerückt. Eine „kulinarische Herausforderung" war der daraus resultierende Mangel an Zitronen, Thunfisch und Schokolade – und führte zu einer ganz eigenen Handschrift und zum Erfolg: Am besten spätestens eine Woche im Voraus online einen Tisch reservieren.
Friedrichstraße 218, 10969 Berlin
Telefon 030 2594 0610
www.nobelhartundschmutzig.com

Sollen es sechs Gänge sein oder lieber acht? Mit oder ohne Getränkebegleitung? Das sind die Fragen, die sich die Gäste bei **Tulus Lotrek** stellen müssen bevor sie sich zurücklehnen und genießen. Auch Vegetarier kommen im designmöbelfreien Gastraum auf ihre Kosten: mit Gängen wie zum Beispiel Blumenkohl Kimchi-beurre Blanc, Melone und Sesam oder rohem, mariniertem Spargel mit Haselnuss und Wildkräutern. Auch hier ist eine Reservierung eine gute Idee.
Fichtestraße 24, 10967 Berlin
Telefon 030 41 95 66 87
www.tuluslotrek.de

NIGHTLIFE

Clärchens Ballhaus: „Mehr als 100 Jahre – Originales Ballhaus in Berlins Mitte", das ist das Clärchens. Das Berlin der 20er-Jahre wird zur Gegenwart, wenn Livebands spielen und sich die Tänzer

aufs Parkett begeben. Vor Salsa über Swing und Disco bis zum Tango ist alles vertreten. Wer hungrig kommt kann Pizza und andere frische Gerichte bestellen – allerdings nur mit Tischreservierung.
Auguststraße 24, 10117 Berlin
Telefon 030 555 785 440
http://claerchensball.haus

INSIDER-TIPP SIGHTSEEING

Das interaktive Museum **Magicum** führt durch die Welt der Mythen und Magie. In den gewölbeartigen Kellern des denkmalgeschützten Hamburger Hofs erzählt das Museum, oft auch mit einem Augenzwinkern, von den Ursprüngen des magischen Denkens und der Wissenschaften, von Ahnenkult und Zukunftsdeutung und vom Spiel mit der Kraft der Illusion. Zahlreiche Knobelspiele und Rätselfragen testen das Geschick und die Intuition der Besucher. Auch Zaubershows und -Workshops werden angeboten.
Große Hamburger Str. 17
10115 Berlin, Telefon 030 288 75635
www.magicum-berlin.de
Fans von Krimis und 007 kommen in Charlottenburg auf ihre Kosten: Eine verfallene Abhörstation der Alliierten thront (und verfällt) auf dem **Teufelsberg**, der zweithöchsten Erhebung des Berliner Stadtgebiets. Der ist wiederum selbst ein Trümmerberg. Die markante weiße Kuppel kam seit 1950 zum Einsatz und wurde bis zur Wiedervereinigung von zahlreichen britischen und amerikanischen Abhördiensten zum Belauschen des Ostblocks und der DDR genutzt. Nach dem Mauerfall überließen die Alliierten das Areal der Natur. Mountainbiker und Spaziergänger spüren hier in dicht bewucherten Ecken knallbunt besprühte Autowracks und einen Hauch von Geschichte auf.
Ausgangspunkt: S-Bahn-Station Heerstraße oder Bushaltestelle Mohrunger Allee.

Ende des 19 Jahrhunderts wurde der **Viktoriapark** um das 1821 fertiggestellte Nationaldenkmal angelegt. Das Denkmal an der Spitze des Kreuzbergs erinnert daran, dass man sich in den Befreiungskriegen erfolgreich gegen Napoleon durchsetzen konnte. Künstlich angelegt und trotzdem beeindruckend: Der Wasserfall ist ein weiteres Highlight im Park. Die Hänge des Parks laden ebenso zum Picknick ein wie der Biergarten zu einer kühlen Erfrischung.
Ausgangspunkt: Etwa 5 Gehminuten von der U-Bahn-Haltestelle Platz der Luftbrücke

Brüssel

Wenn es stimmt, dass Gegensätze einander anziehen, dann scheint die Beliebtheit Brüssels einem Naturgesetz zu folgen: „Bürokratisch und bizarr" oder „historisch und hip" könnten passende Beschreibungen der selbstbewussten und doch zurückhaltenden Hauptstadt Belgiens lauten. Dementsprechend findet man auch für jeden Besucher das passende Highlight: von der beeindruckenden Kathedrale St. Michael und St. Gudula bis zum urinierenden Manneken Pis.

TIPPS FÜR DIE CITY

Public Transport: Die STIB hat ein gutes Netz aus Bussen, Bahnen, Trams und Metros, das jedes Ziel in Brüssel gut erreichbar macht. Das in Brüssel geltende Tempolimit von 30 km/h gilt nicht für die Tram, jedoch für Busse. Dennoch erreicht man sein Ziel mit öffentlichen Verkehrsmitteln sicher schneller und entspannter als über die überfüllten Straßen der Hauptstadt. Mehr Infos unter www.stib-mivb.be

Fahrradvermietung: Mitten im Zentrum befindet sich der Bike Point von **CyCLO**, wo man vom Klapprad bis zum E-Lastenrad alle Fahrradtypen mieten kann, die das Herz begehrt. Wer noch unsicher ist, welches Rad passt, kann vor der Tour eine Probefahrt machen. Es stehen außerdem Kindersitze, Fahrradtaschen und -anhänger zum Verleih. Berechnet wird im Tages- oder Wochentarif.
Place de la Bourse, 1000 Brussel
Telefon +32 2657 6047
www.cyclo.org

Eine private Stadtführung die persönlich, individuell und obendrein gratis ist. Gibt es nicht? In Brüssel schon! Bei den **Greeters Brussels** handelt es sich um aufgeschlossene Einheimische, die mit Vergnügen Besucher zu ihren liebsten Ecken der Stadt führen und dabei allerhand zu berichten wissen. Wer sich das nicht entgehen lassen möchte, findet unter dem Suchbegriff „Greeters“ weitere Infos unter www.visit.brussels

CAMPING

In der grünen und äußerst attraktiven Umgebung Brüssels liegt Camping Grimbergen. Kommt man zur richtigen Jahreszeit, dann kann man hier zwischen blühenden Obstbäumen erwachen. Zur Bushaltestelle sind es nur etwa 200 Meter, von dort aus fährt stündlich ein Bus ins Zentrum (außer am Sonntag). Zu Fuß kann man das Zentrum Grimbergens und viele gute Restaurants erreichen. Außerdem ist es nur einen Kilometer zur Therme von Grimbergen, die mit ihren Schwimmbecken und Saunen ein schönes Ziel für die ganze Familie ist. Der Drei-Sterne-Campingplatz hat auf dem Gelände auch barrierefreie Sanitätshäuser.

» Toiletten
» Duschen
» Baby-Waschräume
» Waschmaschinen und Trockner
» Entsorgung für Chemietoiletten
» Kostenloses WLAN
» Hunde erlaubt

Veldkantstraat 64
1850 Grimbergen
Telefon +32 4 7976 0378
www.camping-grimbergen.webs.com

ESSEN

Budget: Italienische Küche mit belgischen Zutaten in Bio-Qualität. Wem bei diesem Konzept bereits das Wasser im Mund zusammenläuft, sollte sich eine Mahlzeit im **NONA** auf keinen Fall entgehen lassen. Alle anderen sollten den mit viel Zeit zubereiteten und im Holzofen gebackenen Pizzas mit Namen wie „Bufalo Motza-Bella" eine Chance geben. Spätestens nach dem ersten Besuch im Restaurant mit den gestreiften Markisen und dem Tresen aus glattem Marmor werden auch sie begeistert sein. Reservierungen sind nicht möglich.
Rue Sainte-Catherine 17–19
1000 Bruxelles
www.nonalife.com

Wer in Brüssel Muscheln essen möchte, dem empfehlen wir das **La Marée**. Mariniert, in Weißwein, nach provenzalischer oder der Art des Hauses zubereitet, mit Pommes oder mit einer Menge köstlicher Vorspeisen: Im La Marée kommen Fans von Fisch und Meeresfrüchten voll auf ihre Kosten! Wer dann noch Platz für ein Dessert in seinem Bauch findet, bestellt sich am besten eine weitere Spezialität des Hauses, die Pastry Michou. Die freundliche Bedienung sowie die rustikalen Holztische und -stühle und das blau-weiße Dekor sorgen für eine entspannte und leichte Atmosphäre.
Rue de Flandre 99, 1000 Bruxelles
Telefon +32 2511 0040
www.lamaree-sa.com

Vom Feinsten: Damien Bouchéry setzt in seinem gleichnamigen Restaurant auf lokale Produkte, die biologisch angebaut werden. Mit ihnen gelingt es ihm auf besondere Weise, der französischen Küche seinen ganz eigenen Geschmack zu geben. Algensalat mit Rettich, Mädesüß und Rhabarbersaft und geräuchertes Brasvar-Schweinefleisch mit Kirsch-Gaspazcho und lakto-fermentierten Rübchen sind nur zwei mögliche Gänge, die den Gästen des **Bouchéry** bei einem Vier- bis Acht-Gänge-Menü vielleicht serviert werden. Eine Reservierung empfiehlt sich.
Chau. d'Alsemberg 812/A
1180 Bruxelles, Telefon +32 2332 3774
www.bouchery-restaurant.be

NIGHTLIFE

Ein schöner Ort, um abends in einem netten Ambiente ein frisch gezapftes belgisches Bier zu trinken, ist das **Monk** mit seinem Klavier, der dunklen Holzvertäfelung und dem schummrigen Licht. Hungrige Gäste können in der typisch belgischen Bar auch etwas zu Essen bestellen. Die Spaghetti gelten bei den Einheimischen als legendär.

Wer es nicht persönlich in die Bar schafft, der hat mit Monk Radio die Möglichkeit sich einen Teil des Feelings nach Hause zu holen.
Rue Sainte-Catherine 42
1000 Bruxelles, Belgium
www.monk.be

INSIDER-TIPP SIGHTSEEING

Das afrikanische Kulturzentrum **Kuumba** bietet geführte kulturelle Touren durch die City und organisiert Konzerte, Workshops und Tanzabende. So kann man zum Beispiel zum Spieleabend mit afrikanischen Brettspielen gehen, den Klängen kongolesischer Bands lauschen oder sich im Trommeln ausprobieren. Dazu gibt es eine Bar, in der neben Getränken auch frisch zubereitete afrikanische Gerichte serviert werden. Wer noch nie Kochbanane probiert hat, sollte einen Besuch nicht versäumen.
Chaussee de Wavre 78, 1050 Ixelles
Telefon +32 4 7671 3792
www.kuumba.be

HIGH-LIGHT

Was haben Tim und Struppi, die Schlümpfe und Lucky Luke gemeinsam? Sie alle kommen, samt ihrer Autoren, aus Belgien. Und da die Belgier stolz auf ihre Comichelden sind, hat man ihnen in Brüssel ganze Hauswände gewidmet. Seit 1991 erhält jede Comicfigur immer eine komplette Hauswand, sodass es auf der **Comic Strip Route** inzwischen über 50 kunstvoll bemalte Wände mit beeindruckend kreativen Motiven gibt. So hängt zum Beispiel in der Rue du Bon Secours der Comic-Detektiv Rick Master (original Rick Hochet) an der Dachrinne und eilt zur um Hilfe rufenden Nadine. Wie gut, dass seine Geschichten am Ende immer gut ausgehen! Informationen zur Route findet man auch auf deutsch unter www.bruessel.sehenswuerdigkeiten-online.de

Die ehemaligen Arbeiterquartiere **Marollen** haben sich zum aufstrebenden Viertel mit tollen Boutiquen, innovativen Interieur-Design-Läden, Flohmärkten und jeder Menge guter Second-Hand-Shops entwickelt. Gutes Essen, eine Nacht durchfeiern – alles kein Problem. Trotzdem haben sich die Menschen und ihre Straßen nicht ganz und gar von ihrer charakteristischen Rauheit verabschiedet, und gerade das macht den Charme des Viertels aus. In vielen Cafés kann man beispielsweise noch den derben Dialekt der Arbeiterklasse hören. Wer in guter Atmosphäre nach Second-Hand-Kleidung und Accessoires stöbern möchte, sollte Foxhole Vintage in der Rue de Renards ansteuern.

TRAMHALTE
18
CINE
1348
Y. Chaland

Danzig

Danzig ist einfach einzigartig. Die maritime Ausrichtung und das Leben mit den Gezeiten, die Speicherinsel Wyspa Spichrzów und die Souveränität ihrer Bewohner prägen seit Jahrhunderten das Bild der Stadt an Polens Ostseeküste. Ob das Danziger Goldwasser auch seinen Teil dazu beigetragen hat, bleibt wohl ein gut gehütetes Geheimnis der Ostseemetropole und ihrer Menschen.

ŻEGLUGA GDAŃSKA

TIPPS FÜR DIE CITY

Bezahlen: Złoty heißt die polnische Währung. Ein Złoty entspricht etwa 0,22 Euro.

Public Transport: Die etwa 11 Straßenbahnlinien und 80 Buslinien inklusive einer beeindruckenden Zahl an Nachtlinien machen eine Fahrt nach oder durch Danzig zum Kinderspiel. Von Mai bis September wird dieses Netz zudem von Fähren und Wasserstraßenbahnen ergänzt. Dabei kostet eine Einzelfahrt umgerechnet oft weniger als einen Euro. Mehr Infos unter www.ztm.gda.pl

Fahrradvermietung: Günstig und gut ist die Fahrradvermietung von **Rent A Bike Gdansk** – und dabei auch noch sehr zentral gelegen. Einen Helm sollte man sich mitbringen, aber es stehen Cityfahrräder, E-Bikes und Mountainbikes zur Auswahl. Eine Reservierung ist möglich, man kann aber auch spontan vorbeikommen und das Rad der Wahl ausleihen.

Kołodziejska Street 7/9
80-836 Danzig
Telefon +48 502 751 120
www.rentabikegdansk.pl

Zu jeder Jahreszeit bietet eine **Kajak-Tour** auf der Neuen Mottlau eine vollkommen neue und jedes Mal wieder beeindruckende Perspektive auf die Stadt. Das zweieinhalbstündige Erlebnis ist auch für unerfahrene Kajakfahrer bzw. für Neulinge geeignet und körperlich nicht schwer. Die Tour führt um die Ołowianka und die Speicherinsel.
www.aroundgdansk.pl

HIGHLIGHT

CAMPING

Camping am Strand und in Stadtnähe ist bei **Camping „STOGI“ Nr. 218** möglich.

Und noch mehr als das: Die umliegenden Wälder laden zu Spaziergängen ein. Der Platz ist sauber und man wird sehr freundlich empfangen. Nur wenige Gehminuten entfernt liegt die nächste Straßenbahnhaltestelle, von dort aus ist man nach einer 20-minütigen Fahrt im Danzigs Zentrum.

» Brötchenservice
» Gaststätte
» Toiletten & Duschen
» Waschmaschinen
» Hunde erlaubt
» Spielplatz

» Grillplätze
» Entsorgung für Chemietoiletten

Wydmy 9, 80-656 Danzig
Telefon +48 5 8307 3915
www.camping-gdansk.pl

ESSEN

Budget: Ein traditionell polnisches Restaurant ist das **Gdansk Pomorskie**. Es liegt direkt an der Uferpromenade der Mottlau und hat eine riesige Auswahl an lokalen

Spezialitäten auf der Speisekarte. Wer nicht zu schwer essen möchte, kann sich mit einem *bigos*, einem Krauteintopf, den Bauch und die Seele wärmen. Und wer es lieber üppig mag, kommt bei einer reichen Auswahl aus Fleisch- und Fischgerichten auch auf seine Kosten. Dazu kann man Bier aus der hauseigenen Brauerei trinken.

Długie Pobrzeże 11
80-888 Danzig
Telefon +48 5 8380 1111
www.gdanskibowke.com

Vegan, zuckerfrei und zero waste. Das klingt vielleicht auf den ersten Blick nicht mehr nach Hochgenuss, doch ein Besuch im **Avocado Vegan Bistro** belehrt jeden Zweifler eines Besseren. Ein Stück ihres Lebensstils wollen die Gründer des Bistros ihren Gästen mit auf den Weg geben. Vor allem aber servieren sie ihnen köstliche Gerichte (auch Desserts) in einer gemütlichen Atmosphäre. Dabei sind die Preise so günstig, dass es fast ein bisschen zu schön ist, um wahr zu sein.

Wajdeloty 25
80-437 Danzig
Telefon +48 5 3450 3666
www.avocadovegan.pl

Vom Feinsten: Elegant und stilvoll und dabei sehr gastfreundlich und gemütlich – so präsentiert sich eines der angesagtesten Edel-Restaurants Danzigs. Das **Eliksir** ist eine Kombination aus Cocktailbar und Speiselokal und legt dabei besonderen Wert auf *food pairing*, also auf die Kunst, Aromen zu kombinieren. Soll heißen, die ausgewählten Menüs werden von maßgeschneiderten Cocktails begleitet, die das jeweilige Geschmackserlebnis abrunden und vervollkommnen.

Mariana Hemara 1
80-280 Danzig
Telefon +48 5 7019 1910
www.eliksir.pl

NIGHTLIFE

40 Jahre Geschichte prägen das **Flisak '76**, das seit drei Generationen in Familienhand ist. Doch die Cocktailbar ist nicht nur als eine der ältesten Danzigs, sondern auch als eine der besten in ganz Polen bekannt. In einem gemütlichen

Keller, dessen Einrichtung als funky retro bezeichnet werden muss, serviert man die sorgfältig zusammengestellten Cocktails in teils ulkigen Gefäßen – vom Schraubglas bis zur Nudelsuppendose.
Usytuwany w piwnicy
Chlebnicka 9/10, 80-830 Danzig,
www.flisak76.wixsite.com/koktajlbar

INSIDER-TIPP SIGHTSEEING

Wer hätte es gedacht? Seit den 1990er-Jahren ist in Danzig eines der größten Zentren von **Street Art** weltweit entstanden. Das sonst eher unschöne Wohnblockviertel Zaspa hat sich mit über 60 Bildern von ausgewählten Künstlern zu einer beeindruckenden Open-Air-Ausstellung entwickelt. Für den gesamten Rundgang sollte man etwa zwei Stunden einplanen. Um die Route zu planen, kann man sich die Karte mit allen Standorten unter folgendem Link herunterladen: www.muralegdanskzaspa.pl/map

Die **Hala Targowa** ist mehr als nur eine gewöhnliche Markthalle. Natürlich kann man dort shoppen und den historischen Bau mit seinen hohen, kuppelförmigen Decken bewundern. Das wahre Highlight liegt jedoch im Keller verborgen, denn dort entdeckt man die Fundamente eines alten Dominikanerklosters aus Zeiten der frühen Besiedlung Danzigs.
Plac Dominikański 1/2, 80-884 Danzig

AmberSky Gdańsk ist die Danziger Version des London Eye und ermöglicht seinen Fahrgästen seit 2016 einen Blick aus 50 Metern Höhe auf die ehemalige Hansestadt. Das Krantor, das Goldene Tor, und die gesamte wunderbare Stadt lassen sich in Vogelperspektive noch einmal ganz von neuem bewundern. Sehr zu empfehlen ist die Fahrt im Licht des Sonnenuntergangs.
Ołowianka 1, 80-751 Danzig
www.ambersky.pl

GOFRY LODY

Dresden

Kaum eine Silhouette beeindruckt so wie die von den Dächern, Kuppeln und Turmspitzen der Dresdener Innenstadt. Am besten ist der Anblick vom nördlichen Elbufer aus zu sehen. Blickt man von dort auf die beeindruckenden Gebäude, dann scheint es kaum möglich, dass diese 1945 fast ausnahmslos zerbombt wurden. Dresdens Neustadt stellt einen passenden Kontrast zur Geschichte dar und lockt mit individuellen Restaurants, Läden und einem äußerst lebendigen Nachtleben.

TIPPS FÜR DIE CITY

Public Transport: Tageskarten, Familienkarten und Gruppenkarten sind neben Einzeltickets die Optionen für Besucher Dresdens. Teil des Verkehrsnetzes der Dresdener Verkehrsbetriebe ist die 1901 gebaute **Schwebebahn**, in der Reisende in viereinhalb Minuten von der Talstation Loschwitz zur Bergstation Loschwitz schweben. Ganze fünf Minuten dauert die Fahrt zur Bergstation Weißer Hirsch mit der **Standseilbahn**, die bereits seit 1895 in Betrieb ist. Mehr Infos unter www.dvb.de

Fahrradvermietung: Wer möchte, kann sich vor Abholung seines Fahrrads noch im nebenan gelegenen Halloren-Fabrikverkauf für den Tag eindecken, dann geht es los! Stolz ist der Radverleih **Green Bike Dresden** auf sein grünes Rad, das aufgrund der Rahmengeometrie ein ganz besonderes Rollen mit einer aufrechten Haltung kombinieren soll. Doch egal, ob grünes Rad, City- oder Trekkingrad, Tandem oder E-Bike – Dresden ist immer eine Radtour wert!

Töpferstraße 3
(im Hilton Dresden)
01067 Dresden
Telefon 0170 988 9920
www.dresden-fahrradvermietung.de

HIGH-LIGHT

Wer Lust hat, sich Dresden aus einem ganz neuen Blickwinkel anzuschauen, der kann bei **Rikscha Dresden** eine Tour buchen, zum Beispiel „Barockes Dresden mit Sektempfang" oder die „Vespertour". Umweltfreundlichkeit garantiert! Es stehen auch Rikschas zum Verleih zur Verfügung, inklusive 30-minütiger Einweisung für das „Fahrradtaxi".

Freiberger Str. 36, 01159 Dresden
Telefon 0351 4189 9955
www.rikscha-dresden.de

CAMPING

Der Familiencampingplatz **Campingplatz Dresden-Mockritz** mit Stellplätzen für Wohnwagen, Wohnmobile und Zelte ist ruhig gelegen und gut angeschlossen. Inklusive eines kurzen Fußweges ist man mit dem Bus in etwa 20 Minuten in der City. Wer lieber ins Zentrum radelt, der schafft es in einer Viertelstunde. Neben dem Campingplatz befindet sich ein Freibad. Der Platz ist außerdem ein guter Ausgangspunkt für Tagesausflüge ins Elbsandsteingebirge.

Ausstattung:

- Neue Sanitäranlagen
- Wäsche-Raum mit Waschmaschinen-Nutzung
- Swimmingpool

Boderitzerstr. 30
01217 Dresden
Telefon 0351 471 5250
www.cbm-camping.de/dresden/

- Komfortstellpätze
- Rezeption mit Bäcker und Einkaufsmöglichkeiten
- Verkauf von Campingzubehör für Wohnwagen und Wohnmobile mit Kleinreperaturen
- Verkauf und Tausch von Gasflaschen
- Öffentliches Telefon auf dem Platz
- Verleih von Fahrrädern und Motorrollern
- WLAN frei
- Restaurant „Mockritzer Pfanne" auf dem Platz

ESSEN

Budget: Böhme – benannt nach Deutschlands Philosoph Jakob Böhme soll der Name des Restaurants auch wie ein Allerweltsname anmuten, so wie „der Böhme von nebenan". Das ist das Konzept des Restaurants: lieber lecker und lokal. So kommen die Zutaten für das wechselnde Tagesmenü auch auf kurzen Wegen – der Fisch aus Moritzburg, das Fleisch aus der sächsischen Schweiz und das Gemüse von Kleinbauern der Region.
Sebnitzer Straße 11, 01099 Dresden
Telefon 0351 – 8894 8354
www.boehme-restaurant.de

Mitten in der Kunsthof-Passage kann man sich im **Lila Soße** nach Herzenslust Einmachgläser bestellen. Diese sind gefüllt mit Geschmacksexplosionen wie zum Beispiel Spinatsalat mit Ziegenkäse und Lavendeldressing oder Moritzburger Karpfen mit Kapern. Junge deutsche Küche statt gewöhnlicher brauner Soße.
Alaunstr. 70, 01099 Dresden
Telefon 0351 803 6723
www.lilasosse.de

Vom Feinsten: Ausprobieren ist im **Genuss-Atelier** erwünscht. Wer Lust auf neue Geschmacksdimensionen hat, sollte das Überraschungsmenü mit wahlweise vier bis acht Gängen (vegetarische Option möglich) buchen. Auf der Speisekarte stehen Interpretationen klassischer Gerichte, die die kulinarische Szene Dresdens ordentlich aufpeppen.
Bautzner Straße 149, 01099 Dresden
Telefon 0351 2502 8337
www.genuss-atelier.net

NIGHTLIFE

Wer seinen White Russian nicht im Stehen trinken möchte, sollte vor 21 Uhr in der mit Ölgemälden und meisterhaften Plastiken dekorierten **Lebowski Bar** sein. Dann wird es hier voll und auf jeden Fall lebendig. Während im Hintergrund russische Heldenfilme laufen wird hier gerne bis zum Morgengrauen gefeiert.
Görlitzer Straße 5, 01099 Dresden
www.dudes-bar.de

INSIDER-TIPP SIGHTSEEING

Kunsthofpassage: Man nehme fünf heruntergekommene Innenhöfe in der Neustadt und gebe sie einer Gruppe Dresdener Künstler mit Visionen. Dazu noch reichlich

Farbe und heraus kommt der Kunsthof mit fünf individuell gestalteten Themen, die jedes für sich eine Kombination von Kunst und Architektur sind: der Hof der Elemente, der Tiere, des Lichts, der Fabelwesen und der Metamorphosen. Affen, die an den Fassaden über Giraffenköpfe springen, und „Wassermusik", hervorgerufen durch eine geschickte Verkettung der Regenrinnen. Öffentliche Kunst in ihrer gelungensten Form, die auch zum Shoppen und Verweilen bei Eis oder Cocktails einlädt.
Görlitzer Str. 21-25, 01099 Dresden
www.kunsthof-dresden.de

Obwohl der Zwinger mit der Galerie Alte Meister und der Semperoper zu den beliebtesten Touristenzielen Dresdens zählt, kann das **Nymphenbad** noch immer als Geheimtipp bezeichnet werden. Wer die alte Brunnenanlage nicht verpassen möchte, der steigt die Treppen hinter dem französischen Pavillon hinab. Sofort

verändert sich die Stimmung: Inmitten der barocken Nymphenfiguren kann man durchatmen und ins Träumen kommen. Anschließend durch den Zwingergarten zu schlendern rundet das Erlebnis ab.
Im Zwinger, Theaterplatz 1
01067 Dresden

Der schönste Milchladen der Welt: Wer in **Pfunds Molkerei** geht, zweifelt nicht an dem Titel, den sogar das Guinness-Buch der Rekorde bestätigt. Als die Molkereibesitzer Pfund im Jahr 1892 ihren Laden eröffneten, starteten sie eine Erfolgsgeschichte, die sich bis heute fortschreibt. So entwickelte man im Laufe der Zeit Kindernahrung mit Muttermilchqualität und Säuglingsnahrung. Der Laden ist mit handbemalten bunten Fliesen dekoriert, die spielende Kinder, Kühe, Eichhörnchen und vieles mehr darstellen, dazwischen kunstvolle Emaille-Skulpturen. Kaufen kann man Kopien der schönsten Fliesen, Käse und allerlei Pflegeprodukte mit Milch, wie zum Beispiel Badeschokolade. Ein Restaurant über dem Laden serviert unter anderem Käsespezialitäten aus Kuh-, Ziegen-, und Schafsmilch.
Bautzner Straße 79,
01099 Dresden, Telefon 0351 808 0811
www.pfunds.de

Frankfurt am Main

Die Skyline mit ihren glänzenden Wolkenkratzern aus Glas, Stahl und Beton macht Frankfurt am Main schon von weitem einfach unverwechselbar. Schon seit dem Mittelalter spielte Frankfurt eine zentrale Rolle in Europa. Der Römerberg im Zentrum der Altstadt macht noch heute den Einfluss der Römer auf die Stadt spürbar. In keiner anderen Stadt wurden so viele römisch-deutsche Könige gewählt und Kaiser gekrönt.

TIPPS FÜR DIE CITY

Public Transport: Der Rhein-Main-Verkehrsbund besteht aus neun S-Bahn-Linien, neun U-Bahn-Routen, der Tram und zahlreichen Busverbindungen. Infos über die Tarife für Einzel-, Gruppen- und Tagestickets findet man unter www.rmv.de

Fahrradvermietung: Frankfurt Bike Tour: Die zentrale Lage und umfangreiche Auswahl machen diesen Fahrradverleih zum idealen Anlaufpunkt für alle, die Frankfurt „beradeln" wollen. Neben Helmen, Kinderfahrrädern und Kinder-Fahrradsitzen stehen sogar Anhänger (für Kinder, nicht für Hunde) zur Wahl. Mit dem passenden E-Bike ist es so auch für untrainierte Mütter und Väter kein Problem mehr, den Nachwuchs und jegliches Zubehör durch die City zu kutschieren. Tipps für die passende Radtour bekommt man gratis, Stadtführungen auf dem Velo kann man buchen. Anhänger sollten reserviert werden.
Martin-May-Str. 7, 60594 Frankfurt,
Telefon 069 69 3054
www.frankfurtbiketour.com

Eine Spritztour der ganz besonderen Art bietet Hotrod Tour Frankfurt an. Wer schon immer mal in einem der kleinen amerikanischen Flitzer fahren wollte, kann bei der **Hotrod Tour** durch Frankfurt den Motor starten und sich dem Fahrgefühl der Goldenen Zwanziger hingeben. Helme werden zur Verfügung gestellt, ein Führerschein der Klasse 3/B (Auto) ist erforderlich. Let's hotrod!
Lindleystraße 2, 60314 Frankfurt,
Telefon 0163 517 2847
www.hotrod-tour-frankfurt.com

CAMPING

Im Taunus liegt **The Eppstein Project**. Der Campingplatz ist etwas Besonderes und verspricht, der richtige Hafen für die zu sein, die Natur und Natürlichkeit an einem ganz besonderen Ort genießen wollen. Das große Areal liegt eingebettet zwischen Wald und offener Hügellandschaft im Taunus und man kann den Schafen auf den angrenzenden Wiesen „Guten Morgen" sagen. 1.600 Meter sind es von hier zur nächstgelegenen U-Bahn-Station und von dort aus nur noch eine halbe Stunde Fahrt, bis man den Trubel und das Gewusel der City um sich herum spüren kann.

Ausstattung:
» Hofladen

» Toiletten
» Duschen
» Biergarten
» Weinbar-Bulli
» Hunde willkommen

Bezirksstrasse 2, 65817 Eppstein
0176 1908 3211
www.the-eppstein-project.de

Direkt am Ufer der Nidda, im Ortsteil Heddernheim, liegt der Campingplatz **City-Camp Frankfurt**. Wer schnell im Zentrum sein möchte (und wen der Flugverkehr des nahegelegenen Frankfurter Flughafens nicht stört), ist hier richtig: 350 Meter entfernt liegt die U-Bahn-Station Heddernheim, von wo aus man in etwa 15 Minuten dort ist. Wer nicht im Biergarten des Campingplatzes einkehren möchte, findet in der Umgebung zahlreiche Cafés und Restaurants.

» Toiletten
» Duschen
» Waschkabinen
» Biergarten
» Waschmaschine und Trockner
» Frischwasserzapfstelle
» Entsorgung für Chemietoiletten

Nur Barzahlung. Der Gesamtbetrag muss bei Ankunft bezahlt werden.
An der Sandelmühle 35B
60439 Frankfurt
www.city-camp-frankfurt.de

ESSEN

„Wir – nicht ich“ ist das Motto von **Im Herzen Afrikas**! In kleinen runden Hütten sitzt man gemütlich um einen niedrigen Tisch, kann mit den Zehen Muster in den Sand malen und dabei so viele afrikanische Spezialitäten wie möglich teilen. Einen unvergesslich netten Abend zu erleben ist in dem ostafrikanischen Restaurant nicht schwer. Dabei wickelt man die verschiedenen Gerichte in dünnes Brot ein und gibt sich der Vorstellung hin, tatsächlich im Herzen Afrikas gelandet zu sein. Die Familienküche aus Eritrea ist köstlich! Frisch hergestellte Getränke

und ein bemerkenswert freundlicher Service runden das Erlebnis ab.
Gutleutstraße 13, 60329 Frankfurt
Telefon 069 2424 6080
www.imherzenafrikas-frankfurt.de

Das **Fichtekränzi** zitiert: „Wer nichts vom Apfelwein hält, der kann einem leidtun! Nichts auf der Welt macht so viel Freude." Seit 1845 schenkt man in hier dann auch ordentlich ein, begleitet von hessischen Spezialitäten wie „Handkäs mit Musik" und gekochten Eiern mit grüner Soße. Zum Nachtisch gibt es Apfelstrudel und Obstbrände aus dem Spessart. Große Tische und länge Bänke, Wandbilder über der Holzvertäfelung und eine gute Atmosphäre in „Stubb und Garten". Der ideale Ort um sich der Frankfurter Küche hinzugeben – am besten mit einer Tischreservierung.
Wallstrasse 5, 60594 Frankfurt
Telefon 069 61 2778
www.fichtekraenzi.de

Vom Feinsten: Druckwasserwerk: Im ehemaligen Maschinenhaus eines alten Druckwasserwerks von 1899 fusionieren Ambiente, kulinarische Genüsse, Kunst und Kultur. 2009 zum Denkmal des Jahres gewählt, machen der neoromanische Stil mit rohem Mauerwerk und Pumphebeln den Innenraum zum

Erlebnis, der Privatstrand mit echtem Tahiti-Sand lockt im Sommer.
Rotfeder Ring 16, 60327 Frankfurt
Telefon: 069 2 5628 7700
www.restaurant-druckwasserwerk.de

NIGHTLIFE

90 bis 120 Biersorten aus der ganzen Welt kann man im **Naïv** bestellen. An der massiven Theke der angesagten Bar kann man sich de facto von Norwegen bis Hawaii trinken. Wer dabei partnerliche Unterstützung braucht, nimmt einfach auf dem superbreiten Love-Seat-Barhocker Platz. Als Grundlage gibt es Pizza, einen wechselnden Mittagstisch und eine ausgewählte Wochenkarte. Neben großen Tischen zum Teilen bieten Séparées die Möglichkeit ruhiger zu sitzen. Stilvoll konzeptlos ist das Ganze und es sollte für jeden etwas dabei sein.
Fahrgasse 4, 60311 Frankfurt
Telefon 069 2100 6230
www.naiv-frankfurt.de

INSIDER-TIPP SIGHTSEEING

Der unter dem Titel **Held der Steine** bekannt gewordene Frankfurter Thomas Panke präsentiert und verkauft in seinem

gleichnamigen Laden eine wechselnde Auswahl an Klemmbaustein-Modellen unterschiedlicher Hersteller. Wer seine YouTube-Videos kennt und mag, für den ist ein Besuch des Ladens ein Muss. Alle anderen könnten sich mit einem Klick auf Pankes Kanal noch überzeugen lassen. Wer auf der Suche nach ganz bestimmten Sets ist, sollte früh genug Kontakt aufnehmen, denn der Laden bietet lediglich Platz für eine begrenzte Anzahl von Bausteinen.
Laubestraße 26, 60594 Frankfurt
www.held-der-steine.de

Schirn Kunsthalle: Viele angesagte Kunstausstellungen, die in ganz Deutschland in aller Munde sind, finden in dieser zeitgenössischen Kunsthalle statt. Kahlo, Kandinsky und Chagall sind nur einige derer, die in der Schirn bereits ausgestellt wurden. Digitale Ausstellungen, Podcasts,

HIGH-LIGHT

Lesungen und Workshops erweitern das Spektrum. Das helle Sandsteingebäude, dessen Haupteingang eine beeindruckende Rotunde mit 20 Metern Durchmesser und Glaskuppel bildet, liegt direkt in der Altstadt und ist nicht nur von innen beeindruckend.
Römerberg, 60311 Frankfurt
www.schirn.de

Früher war die Straße **Zeil** in der Frankfurter Innenstadt für Ihre prächtigen Bauten bekannt: Gasthöfe und Palais aus der Zeit des Barock und des Klassizismus ließen die Besucher staunen. Inzwischen ist die Zeil eine ausgesprochen beliebte Einkaufsstraße, deren Eingang das sechsstöckige hochmoderne Einkaufszentrum **MyZeil** bildet.
www.myzeil.de

Am Südufer des Mains, vom Museumsufer mit seinen 13 Museen und beliebten Restaurants und Lokalen bis hin zu den kopfsteingepflasterten Straßen von Alt-Sachsenhausen erstreckt sich der hippe Stadtteil **Sachsenhausen**. Bekannt für seine entspannte Atmosphäre und lebhafte Apfelwein-Lokale, für nette Restaurants und Bars, in denen man die Nacht zum Tag machen kann, lädt Sachsenhausen ein, sich treiben zu lassen und nach Belieben einzukehren.

Genf

Genf hat den Ruf, die Stadt des Friedens zu sein, die Stadt der Kunst und Kultur oder aber auch die kleinste Metropole der Welt. Wahrscheinlich trifft all das auf diesen charmanten Ort zu. Genf ist ein Juwel: bildschöne Lage, weltoffene Bewohner, die in allen Sprachen Europas zu sprechen scheinen, und eine fast makellos erhaltene Altstadt.

TIPPS FÜR DIE CITY

Bezahlen: In der Schweiz zahlt man mit Schweizer Franken. 1 CHF entspricht etwa 0,93 Euro.

Public Transport: Zum öffentlichen Verkehrsnetz Genfs gehören Busse, Straßenbahnen, Züge und die *mouettes*, die gelben Shuttleboote, die ihre Fahrgäste über den Genfer See befördern. Die Unterkunft auf einem Genfer Campingplatz berechtigt zur **Geneva Transport Card**, die die kostenlose Nutzung aller oben genannten öffentlichen Verkehrsmittel ermöglicht. Mehr Infos unter www.geneva.info/public-transport/

Fahrradvermietung: Seit 2002 vermietet die gemeinnützige Gesellschaft **Genèveroule** Fahrräder. Die Auswahl ist dabei wirklich bemerkenswert. Vom normalen City Bike mit Kinder-Tandem über Mountain-Bikes, Holzrahmen, Lasten- und Kinderräder bis hin zum Cream Happy Wagon mit E-Antrieb und verlängertem Gepäckträger (für den Transport von zwei Kindern geeignet) ist alles dabei. Sogar ein Tandem für einen Beifahrer im Rollstuhl kann man hier mieten.
Place de Montbrillant 17
1201 Genève
Telefon +41 2 2740 1343
www.geneveroule.ch

Die **TukTuks von Taxi Bike** lassen sich für unvergessliche Genf-Ausflüge buchen. Es gibt Touren durch die Genfer Weinberge, inklusive einer Weinverkostung, zu Kunstgalerien, Ausflüge in den Sonnenuntergang mit Käse & Wein. Sogar ein Käsefondue kann man auf dem kleinen Mitteltisch der Kabine genießen. Wer sich nicht kutschieren lassen will, kann die Touren mit dem Rad begleiten und dabei selbst in die Pedale treten.
www.taxibike.ch

CAMPING

Ein schöner Campingplatz direkt am Ufer des Genfer Sees mit eigenem Strand und Restaurant ist **TCS Camping Genève-Vésenaz**. Der Blick von hier auf die Mini-Metropole macht richtig Lust auf die Stadt. Die sieben Kilometer bis ins Zentrum lassen sich angenehm am Seeufer entlang radeln oder mit einer zehnminütigen Busfahrt zurücklegen.

» Restaurant
» Toiletten & Duschen

» Planschbecken
» Spielplatz
» Hüpfburg
» Waschmaschinen
» kostenloses WLAN
» Entsorgung für Chemietoiletten

Chemin de la Bise 19, 1222 Vésenaz
Telefon +41 2 2752 1296
www.tcs.ch/de/camping-reisen/camping-insider/campingplaetze/tcs-camping-plaetze/campingplatz-genf-vesenaz.php

ESSEN

Budget: Wie ein Gegengift zu den großen Kaffeeketten präsentiert sich das liebenswerte Literaturcafé **Le Recyclable**. Second-Hand-Buchladen und Café mit wechselndem Mittagstisch, der kreativ zusammengestellt, lecker und, für Genfer Verhältnisse, günstig ist. Das bunte Interieur, der gute Kaffee, die Kuchen und die angenehme Stimmung verlocken zum Schmökern und Verweilen. An ausgewählten Abenden gibt es Live-Musik.
Rue de Carouge 53, 1205 Genf
Telefon +41 2 2328 2373
www.recyclables.ch

Hot Dogs mit 100% regionalen Zutaten, das bedeutet Fleisch aus der Schweiz, Brötchen von lokalen Bäckereien und hausgemachte Saucen ohne Konservierungs- und Zusatzstoffe. **The Hot Dog Faktory** hat es mit diesen Grundsätzen und viel Engagement von einem kleinen Verkaufswagen zu einem Restaurant gebracht. Die Hot Dogs sind in der Konsequenz sehr appetitlich und Meilen vom billigen Fast-Food-Vorbild entfernt.

Rue Rousseau 14, 1201 Genf
Telefon +41 7 9101 4747
www.thehotdogfaktory.ch

Vom Feinsten: In goldenes Licht getaucht, mit grauen Wänden, großen Blumenbildern in alten Holzrahmen an den Wänden und Armlehnstühlen mutet **The Living Room Bar & Kitchen** in der Tat wie ein äußerst gut durchgestyltes Wohnzimmer an. Kombiniert mit den fantasiere chen Speisen, zubereitet aus marktfrischen Produkten der Schweiz und des Mittelmeerraums, erwartet den Genießer ein durch und durch stimmiges Konzept im Ritz Carlton Hotel de la Paix.

Quai du Mont-Blanc 11 1211, 1 Genf
Telefon +41 2 2909 6065
www.livingroombarandkitchen.com

NIGHTLIFE

Das **Village du Soir**, übersetzt „Dorf der Nacht", ist ein Club mit drei verschiedenen Räumen, jeweils mit einer anderen Musikausrichtung. Dabei richtet sich einer der Floors bewusst an ein Publikum jenseits der 30. Doch in Stein gemeißelt ist

hier nichts und Dynamik in der musikalischen Entwicklung jeder Ecke ein Gesetz.
Rte des Jeunes 24, 1212 Lancy
www.villagedusoir.com

INSIDER-TIPP SIGHTSEEING

Ein idyllischer Ort, um sich unter die Genfer zu mischen, ist die Badeanstalt **Bains des Pâquis** direkt am Ufer des Genfer Sees. Bereits 1872 wurden die ersten Molen erbaut und 1890 zu städtischen Bädern erklärt. Dazu gehört das Bar-Restaurant **Buvette des Bains**. Es liegt direkt neben dem Bains des Pâquis Seebad mit Sauna und hat bezahlbare Speisen vom Frühstück bis zum Abendessen im Angebot, Tagesgerichte und Käsefondue mit Sekt und frischem Obst.
Quai du Mont-Blanc 30
1201 Genf, Telefon +41 2 2738 1616
www.bains-des-paquis.ch

Ein mutiges Projekt der alternativen Kunstszene der Stadt ist das **L'Usine**. Ein gemeinnütziges Kulturzentrum, das etwa 20 kunstverwandte Vereine und Verbände beherbergt. Bereits seit 1989 veranstaltet man im **Théâtre de l'Usine**, einer ehemaligen Goldfabrik am Ufer der Rhône, regelmäßig Shows, Konzerte, Filmvorführungen, Festivals und Partys.
Rue de la Coulouvrenière 11, 1204 Genf
www.theatredelusine.ch

Die **Maison Tavel** im Herzen der Altstadt ist das älteste noch existierende Wohnhaus der Stadt – ein einzigartiges Zeugnis der mittelalterlichen Architektur in Genf. Nachdem ein Feuer 1334 große Teile der Stadt zerstörte, wurde das Gebäude anschließend von der Adelsfamilie Tavel wieder aufgebaut. Es ist Teil des Kunstmuseums Genf.
Rue du Puits-Saint-Pierre 6, 1204 Genf
www.institutions.ville-geneve.ch/fr/mah/preparer-sa-visite/lieux/maison-tavel/

HIGH-LIGHT

Rue du
Puits-Saint-Pierre
6
maison tavel

Hamburg

Hamburg und seinen Hafen als das Tor zur Welt zu bezeichnen ist heutzutage vielleicht ein bisschen übermutig, doch schüchtern war die Hansestadt an der Elbe ja bekanntlich noch nie. Egal, ob man auf dem Fischmarkt steht, die maritime Geschichte der *Perle* erkundet, die Architektur der HafenCity bestaunt oder sich auf die Fußspuren der Beatles begibt – das laute Kreischen der Möwen und das gelegentliche Ertönen eines Schiffshorns erinnert ständig daran, wo man sich gerade befindet.

TIPPS FÜR DIE CITY

Public Transport: Da die Elbe zu Hamburg gehört wie Alsterwasser und Fischbrötchen, gehören auch die Fähren zum öffentlichen Nahverkehr des Hamburger HVV. Ein Tages-, Wochen- oder Gruppenticket für Bus, S- und U-Bahn ermöglicht daher auch Fahrten über die Elbe. Ein wunderbares Alternativprogramm zur Hafenrundfahrt. Mehr Infos unter www.hvv.de

Fahrradvermietung: Stadtrad: Der günstigste und einfachste Weg durch Hamburg zu radeln ist der Fahrradverleih der Stadt Hamburg. Zahlreiche Fahrradstationen an fast allen U- und S-Bahnhöfen bieten die Möglichkeit, sich unkompliziert ein Rad abzuholen und es am Ziel wieder abzugeben. Die ersten 30 Minuten der Fahrt sind dabei kostenlos. Wer ein Lastenrad leihen möchte, sollte im Voraus buchen. Registrieren kann man sich unter www.stadtrad.hamburg.de

Auf ganz besonderen Wegen führt eine **Fotosafari** durch Hamburg. Dabei vermittelt ein professioneller Fotograf viele Tricks und Kniffe für die besten Motive und Techniken und hilft dabei, die blaue Stunde perfekt einzufangen. Wählen kann man, ob man den Schwerpunkt lieber auf Street und Architektur legt, oder Hamburg so facettenreich wie möglich festhalten möchte. www.fotosafari-hamburg.de

CAMPING

Ein naturnahes Campingerlebnis direkt am Elbstrand verspricht der Campingplatz **ElbeCamp**. Zelte stehen tatsächlich direkt im hellen Sand, Wohnwagen und Wohnmobile allerdings sicher auf festem Untergrund. Das Café-Restaurant mit Biergarten und ein großer Kinderspielplatz direkt davor bieten viele Möglichkeiten, sich nach dem Stadtausflug zu erholen. Unbedingt mit einplanen: Der Sonnenuntergang an der Elbe vom Campingplatz-eigenen Strand genießen. Etwa 1,5 Kilometer geht man bis zur nächsten Bushaltestelle, von wo aus man mit Bus und S-Bahn ins Zentrum Hamburgs gelangt (je nach Strecke etwa 30–45 Minuten Fahrt einplanen).

Ausstattung:
- » Frühstücksbuffet
- » Frischwasserzapfstelle
- » Toiletten
- » Duschen
- » Entsorgung für Chemietoiletten
- » Hunde willkommen
- » Kinderspielplatz
- » Feuerschalenverleih und Brennholzverkauf

Barzahlung und EC-Kartenzahlung möglich.
Falkensteiner Ufer 101
22587 Hamburg, Telefon 040 81 2949
www.elbecamp.de

ESSEN

Budget: Mitten im Caroviertel liegt das beliebte **Café Panther**. Hier kann man es sich von einem reichhaltigen Frühstück über Kuchen und Kleinigkeiten bis zum Abendessen schmecken lassen. Wechselnde Tagesgerichte,

frische Pizza und köstliche Kuchen, einige auch immer vegan, laden zu jeder Tageszeit auf einen Pitstop ein.
Marktstraße 3, 20357 Hamburg
Telefon 040 4327 6088
www.dezmartenpanther.de

Tibet Restaurant: Nicht weit vom Altonaer Bahnhof serviert man frisch zubereitetes original tibetisches Essen in traditioneller Atmosphäre. Typisch tibetisch sind zum Beispiel Momos. Das sind mit verschiedenem Fleisch oder Gemüse gefüllte Teigtaschen. Dazu trinken die Tibeter zu jeder Tageszeit gerne den als Nationalgericht geltenden Buttertee Bhö Cha.
Harkortstieg 4
22765 Hamburg
Telefon 040 3861 1662
www.tibet-restaurant.de

Vom Feinsten: Köstlich zubereiteter Fisch aus Wildfang in entspannter Atmosphäre: Das **Jellyfish** setzt auf Nachhaltigkeit und auf die Verwendung saisonaler und regionaler Produkte. Wer statt eines Fischbrötchens am Hafen lieber einmal Bretonischen Kaisergranat „confiert" oder Makrele „geflämmt" probieren möchte, der sollte sich hier einen Tisch reservieren.
Weidenallee 12,
20357 Hamburg
Telefon 040 410 5414
www.jellyfish-restaurant.de

NIGHTLIFE

Einen besseren Blick auf den Hamburger Hafen und die Elbe gibt es wohl kaum: Die **Skyline Bar 20up** ermöglicht mit ihren sieben Meter hohen Panoramafenstern einen freien Blick auf (fast) alles, was die Hansestadt ausmacht. Jeder Cocktail, jedes Stück Sushi schmeckt noch besser, wenn man dabei den Sonnenuntergang aus 90 Metern Höhe bewundern kann.
Bernhard-Nocht-Straße 97
20359 Hamburg
Telefon 040 31 1197 0470
www.empire-riverside.de/de/restaurant-und-bars/skyline-bar-20up/

INSIDER-TIPP SIGHTSEEING

Petri-Kirchenturm: Wer 544 Stufen erfolgreich hinter sich legt, befindet sich anschließend auf Hamburgs höchster Aussichtsplattform (123 Meter). Der Aufstieg im Turm der St.-Petri-Kirche direkt an der Mönckebergstraße wird mit einem Blick durch die Bullaugen auf Alster und Rathausmarkt belohnt und ist zweifelsfrei ein Highlight in der City.
www.sankt-petri.de

HIGH-LIGHT

Das Gängeviertel. Gängeviertel nannte man früher die Stadtviertel, in denen so dicht gebaut wurde, dass nur kleine Gassen und verwinkelte Wege durch die Häuser führten. Als 2008 ein niederländischer Investor das Gängeviertel am Valentinskamp nahe der Innenstadt erwarb und zu etwa 80 Prozent abreißen wollte, besetzten rund 200 Künstler die (zum Teil unter Denkmalschutz stehenden) Häuser und setzten sich für eine sinnvolle kulturelle und künstlerische Nutzung ein. Der Kauf wurde rückabgewickelt. Ausstellungen, Partys, Aufführungen und Workshops für Kinder und Erwachsene ziehen ein kunterbuntes Publikum in das inzwischen renovierte historische Viertel. Ein Ausflug dorthin lässt sich übrigens hervorragend mit einem Spaziergang durch den Park Planten un Blomen verbinden. www.das-gaengeviertel.info

Alter St.-Pauli-Elbtunnel: Direkt an den Landungsbrücken verbindet der Alte Elbtunnel die City mit dem südlichen Hafengebiet. Eingeschränkt auch mit dem Auto befahrbar ist der charmante Tunnel rund um die Uhr für Fußgänger und Radfahrer geöffnet. Eine Fahrt mit dem über 100 Jahre alten Lift ist kostenlos und lohnt sich: Die hellen Fliesen und die warme Beleuchtung verleihen dem Tunnel eine ganz besondere Atmosphäre.

Kopenhagen

Eine Hauptstadt, die eine kleine Meerjungfrau als Wahrzeichen hat, kann einfach nur die Herzen seiner Besucher öffnen. Dabei ist Kopenhagen mit seinem Gespür für Design, seinen Szenerestaurants, seinen Fahrradstraßen und seinen wunderbar herzlichen und stilbewussten Einwohnern der Inbegriff skandinavischer Coolness.

NYHAVN 17
NYHAVN 17
SKAG

TIPPS FÜR DIE CITY

Bezahlen: Die dänische Krone ist die Landeswährung. 1 DKK entsprechen etwa 0,13 Euro.

Public Transport: Züge, U-Bahnen, Busse und Hafenfähren bilden ein hervorragendes öffentliches Verkehrsnetz quer durch Kopenhagen. Über die üblichen Tipps hinaus gibt **Din Offentligen Transport** Touristen Tipps für mögliche Ziele und Touren. Alles inklusive Reiseroute und -zeit ab Hauptbahnhof. Mehr Infos unter www.dinoffentligetransport.dk

Fahrradvermietung: Eine schier unglaubliche Menge an Rädern wartet bei **Baiskeli Copenhagen** unter einer regenbogenfarbenen Brücke darauf, von fahrfreudigen Besuchern ausgeliehen zu werden. Wenn es in Europa eine Stadt zum Fahrradfahren gibt, dann ist das zweifelsohne Kopenhagen mit seinen hervorragenden Fahrradstraßen und Autofahrern, die Rücksicht nehmen. Nur eines sollte man im Auge behalten: Nie zu langsam auf der linken Radspur radeln!
Ingerslevsgade 103
1705 Kopenhagen
Telefon +45 26 70 02 29
www.baisikeli.dk

Warum die Dänen das glücklichste Volk der Welt sind? Diese Frage beantwortet die politisch inkorrekte Tour durch Kopenhagen, **The Politically Incorrect Comedy Walk**, innerhalb von 90 Minuten mit reichlich Augenzwinkern. Unter anderem geht es auch um Wikingergesetze und dänische Sozialdemokratie und warum Michael Jackson keinen Vergnügungspark im Zentrum kaufen durfte. www.comedywalks.com/locations/copenhagen/the-politically-incorrect-comedy-walk/

CAMPING

DCU-Camping København Absalon ist ein gut ausgestatteter und sauberer Campingplatz, nur acht Kilometer von Kopenhagens Zentrum entfernt. Wer Lust hat, die Gegend zu erkunden, hat direkten Zugang auf den Vestvalden (Westwall) der alten Befestigungsanlage von Kopenhagen. Was früher der Eingang zur Stadt war, ist nun ein wunderbares Naturgebiet. Nur 500 Meter sind es vom Campingplatz aus zur nächsten Haltestelle von wo aus man in 30 bis 40 Minuten mit dem Bus oder der Bahn in die City gelangt.

- » Kiosk
- » Imbiss/Restaurant
- » Toiletten & Duschen

» Waschmaschinen & Trockner
» Minimarkt
» Kostenloses WLAN
» Entsorgung für Chemietoiletten
» Aufenthaltsraum und Kochgelegenheiten
» Spielplatz
» Grillplatz

Korsdalsvej 132, 2610 Rødovre
Telefon +45 3641 0600
www.dcu.dk/da/dcu-camping/dcu-camping-koebenhavn-absalon

ESSEN

Budget: Streng genommen heißt *Smørrebrød* nichts anderes als Butterbrot, doch dieser Begriff wird dem dänischen Nationalgericht in keiner Weise gerecht. Vor allem in den vergangenen Jahren wurden die traditionellen Beläge ergänzt und neue Kreationen auf Roggenbrot angerichtet. So auch im **Selma**, wo ausgerechnet ein schwedischer Koch einige der besten *Smørrebrød*-Variationen in ganz Dänemark serviert.
Rømersgade 20, 1103 København
Telefon +45 9310 7203
www.selmacopenhagen.dk

Von Kopenhagen aus erobert das Copenhagen **Coffee Lab** mit seinem Hang zum Perfektionismus derzeit Europa. Kein

Wunder, denn der Kaffee aus der hauseigenen Rösterei ist wie der Champagner unter den Kaffees und das Design hebt sich von allem Bisherigen ab. Auch in den dazugehörigen Bäckereien wird großer Wert auf die genaue Zubereitung jedes Produktes gelegt und nichts dem Zufall überlassen.
Strandlodsvej 48
2300 Kopenhagen
Telefon +45 4294 0419
www.copenhagencoffeelab.com

Vom Feinsten: Gemüse in seiner allerschönsten Form und in Feinschmeckerqualität serviert das vegetarische Edelrestaurant **Gemyse**. Das Restaurant, dessen Außenfassade und Dach mit dickem grünem Gras bedeckt sind, verarbeitet nur frisches Bio-Gemüse und legt dabei großen Wert darauf, diesem auch Respekt zu zollen. Auf der Terrasse des Restaurants können sich die Gäste über der Feuerschale Stockbrot und Marshmallows rösten.

Tivoli, Berstorffgade 5
1577 Kopenhagen
Telefon +45 8870 0000
www.nimb.dk/da/bar-og-restaurant/gemyse

NIGHTLIFE

Ein Fest für Bierliebhaber: 24 exklusive Biersorten werden im **Fermentoren Beer Bar** gezapft – jede einzelne sorgfältig und mit Liebe ausgewählt. Darunter ist auch die Sorte *Fermentoren*, natürlich aus der hauseigenen Mikrobrauerei und nur hier erhältlich. Durchkosten kann man sich bei Kerzenschein in der gemütlichen Kellerkneipe, die nette Gäste anzuziehen scheint.
Halmtorvet 29C, 1700 Kopenhagen
Telefon +45 2398 8677
www.fermentoren.com

INSIDER-TIPP SIGHTSEEING

Christiania, die bekannte Freistadt, die seit Beginn der 1970er-Jahre in den alten Kasernengebäuden Kopenhagens besteht, wird von der Stadt als autonome Gemeinde geduldet. Legaler Cannabisbesitz zieht viele Hippies und Touristen an und Christiana ist immer

einen Besuch wert – man sollte jedoch davon absehen, Fotos zu machen. Fans des bekannten Lastenfahrrads kommen im Ladengeschäft von **Christiania Bikes** auf ihre Kosten, denn immerhin wurde das Transportwunder hier entwickelt.

HIGH-LIGHT

Wer keine herkömmliche und von Touristen überfüllte Kanaltour machen, Kopenhagen aber dennoch gerne vom Wasser aus erleben möchte, kann natürlich einige Male auf den Fähren fahren. Ein wirklich schönes Erlebnis ist aber auch eine Rundfahrt mit **Hey Captain**. Man bucht ganz individuell nach eigenem Wunsch das Datum, die Länge und die Art der Fahrt und landet dann mit maximal elf weiteren Fahrgästen auf einer kleinen Barkasse. Wein, Wasser und Bier sind im Preis inklusive: Meistens kommen alle Gäste schnell ins Gespräch und haben eine Menge Spaß zusammen. www.heycaptain.dk

Fünf Schwimmbecken laden im **Hafenbad Islands Brygge** mit Blick auf die Stadt zum Schwimmen ein. Es gibt ein K n-derbecken, eines mit Springtürmen und mehrere zum Bahnen schwimmen – alle unter freiem Himmel, versteht sich. Im Winter kann man die Sauna benutzen, im Sommer auf der Liegewiese relaxen. Die Wasserqualität wird täglich überprüft.
Islands Brygge 14
2300 Kopenhagen

Lissabon

Inmitten der Berge der iberischen Halbinsel kuschelt sich das kunterbunte Lissabon in eine malerische Bucht. Mit ihren kopfsteingepflasterten Straßen und den uralten Fassaden hat sich die portugiesische Hauptstadt im Laufe der vergangenen Jahrhunderte zu einer atemberaubenden Schönheit entwickelt.

TIPPS FÜR DIE CITY

Public Transport: Das Zentrum Lissabons lässt sich am besten zu Fuß erkunden. Trotzdem bietet das Verkehrsnetz der Stadt einiges für Touristen. Neben Bussen und der Straßenbahn gehören Fähren und die **Teleférico do Parque** das Nações, eine Standseilbahn dazu. Diese wurde für die *Expo '98* errichtet und verbindet tiefer gelegene Teile der Altstadt mit höheren. Weiter Infos unter www.lisbon.net/transport

Fahrradvermietung: Ein gutes Fahrrad macht dich zwar nicht schneller, aber es macht dich glücklicher! Mit diesem Satz im Herzen vermietet **Lisbon Bike Rentals** hochwertige Rennräder, Mountainbikes und E-Bikes. Der urige Laden wird von ein paar wahren Fahrrad-Enthusiasten betrieben.
Av. 24 de Julho 4A
1200-161 Lissabon
Telefon +351 9 3262 5824
www.lisbonbikerentals.com

Nach einem Treffen auf dem Campo de Ourique, dem Markt von Lissabon, wo man gemeinsam die Zutaten für den **Taste of Lisboa Kochkurs** einkauft geht es gemeinsam zur Kochschule, um dort ein dreigängiges portugiesisches Menu zuzubereiten. Natürlich gehört auch das gemeinsame Essen mit allen Teilnehmern inklusive des Küchenchefs zum Erlebnis. Mindestens fünf Stunden sollte man für den Schnupperkurs in die portugiesische Küche einplanen. www.tasteoflisboa.com

CAMPING

Camper profitieren noch heute vom Lissaboner Prestigeprojekt *Expo '98*, denn zur Weltausstellung überarbeitete die Hauptstadt ihr Campinggelände **Lisboa Camping** im Parque Florestal de Monsanto und schuf einen wunderbar citynahen Campingplatz, der einer grünen Oase gleicht. Jeder Platz ist mit Tisch und Bänken ausgestattet, es gibt eine Minigolfanlage und im Sommer sogar Kinderanimation.

» Bar und Cafeteria
» Minimarkt

» Toiletten & Duschen
» Waschmaschinen
» Radverleih
» Spielplatz
» Hunde erlaubt
» Pool

Estr. da Circunvalação
1400-061 Lisboa
Telefon +351 2 1762 8200
www.lisboacamping.com

ESSEN

Budget: Authentische portugiesische Hausmannskost – wie von Mama gekocht – isst man am besten bei **Ti-Natércia**. Da das Restaurant nur sechs Tische hat, sollte man unbedingt telefonisch oder persönlich reservieren (eine Website

gibt es nicht). Für Vegetarier hat Tante Natércia nicht viel übrig, daher ist die Gaststätte nur Fleisch- und Fischessern zu empfehlen. Zu den besten *bacalhau* Gerichten gehören der gebackenen Kabeljau, oder *bacalhau à brás* – Kabeljau mit Ei und Kartoffeln. Ein letzter wichtiger Hinweis: nur Barzahlung möglich.

Escolas Gerais 54, 1100-213 Lisboa
Telefon +351 2 1886 2133

Wer portugiesische *natas* kennt und mag, der wird sich mit den Köstlichkeiten von **Pastéis de Belém** wohlfühlen. Ideal für einen kleinen Zuckerschock im luftigen Café sind die kunstvoll hergerichteten Teilchen und kleines Gebäck. In der Bäckerei wird neben den besten portugiesischen Süßwaren auch Brot gebacken und das bereits seit 1837.

R. de Belém 84 92
1300-085 Lissabon
Telefon +351 2 1363 7423
www.pasteisdebelem.pt

Vom Feinsten: **Sea Me** hat mit seiner Fusion der portugiesischen und japanischen Küche den Zeitgeist so erfolgreich getroffen, dass es nur mit Tischreservierung oder sehr langer Wartezeit möglich ist, von dieser kosten zu können. Bestellt man dann eine Fischplatte, kann man Sushi und gegrillten Fisch Seite an Seite erleben

und sich über allerlei Köstlichkeiten aus dem Meer freuen. *Sardine Sashimi* sollte übrigens bei keiner Bestellung fehlen

Rua do Loreto 21
1200-241 Lisboa
Telefon +351 2 1346 1564
www.peixariamoderna.com

NIGHTLIFE

Auf dem Dach eines Parkhauses im Distrikt Bairro Alto liegt die trendige Rooftop-Bar **Park**. Sobald man den Eingang über den Fahrstuhl des Parkhauses gefunden hat, wird man mit hinreißenden Blicken über Lissabon belohnt. Um die besten Momente nicht zu verpassen, sollte man vor Sonnenuntergang dort sein, um mitzuerleben, wie das Licht lavaartig in all seinen Facetten über die Dächer der Häuser und Kirchen, der Türme und durch die Gassen fließt.
Calçada do Combro 58, 1200-123 Lissabon

INSIDER-TIPP SIGHTSEEING

Etwas abseits der touristischen Hauptpfade, im Stadtteil Paço do Lumiar, liegen die Gartenanlagen mit dem melodisch klingenden Namen **Jardim da Quita dos Azulejos**. Das Viertel selbst war in der Vergangenheit sehr wohlhabend, die Gärten sind vor allem reich an den typisch portugiesischen blau-weißen Fliesen, den *azulejos*. Die vielen Fliesenornamente stellen exotische Tiere dar, griechische Götter und Szenen aus der Bibel. Der Eingang ist über das Geländer des Colégio Manuel Bernardes möglich. Wer möchte, kann die Gelegenheit nutzen und auch gleich den botanischen Garten der Stadt, den **Parque Botânico de Monteiro-Mor**, besuchen.

In Alcântara, wo im Jahr 1946 eine der bedeutsamsten portugiesischen Textilfabriken eröffnet wurde, entstand in den vergangenen Jahren **Lx Factory**, ein 32.000 m^2 großes Zentrum für Kultur, Gastronomie, Shopping, Events und Kreativität. Noch immer spürt man den industriellen

Puls in dem uralten Fabrikgebäude, und er wirkt sich ganz offensichtlich positiv auf die Fantasie und das Einfallsreichtum aller aus, die hier denken und schaffen.
R. Rodrigues de Faria 103
1300-501 Lisboa
www.lxfactory.com

Lissabon ist das Paradies für Menschen, die Street Art lieben. An jeder Ecke, an kaum zu erahnenden Flächen und auf gigantischen Hauswänden findet man Kunst. Mit den **Lisbon Street Art Tours** kann man nicht nur eine erlebnisreiche Führung zur besten Straßenkunst der City unternehmen, sondern man darf auch selbst zur Sprühdose greifen und auf diese Weise mitwirken, wenn neue Street Art entsteht. *Yes, you can spray!*
www.lisbonstreetarttours.com

London

London hat für jeden Geschmack etwas zu bieten: Egal ob Kultur, Kunst, Historie, Königsfamilie, Shopping, Einkaufen, Design oder Multikulti – hier findet jeder etwas nach seinem Gusto. Kein Wunder, dass die britische Hauptstadt eine der beliebtesten Metropolen für Besucher aus der ganzen Welt ist. Die Londoner selbst lässt das kalt, ganz nach dem Motto „keep calm and carry on".

TIPPS FÜR DIE CITY

Public Transport: Wenn das Verkehrsnetz der Hauptstadt auf den ersten Blick auch etwas unübersichtlich wirkt: Es ist zwar sehr groß und umfangreich, aber gut zu verstehen. Man sollte sich jedoch nicht vor vollgestopften Bahnen scheuen, denn bei einer Fahrt im Londoner Underground kann es schon einmal eng werden. Bevor es losgeht, muss man eine Wertkarte, genannt Visitor Oyster, kaufen und mit Geld aufladen. Mehr Infos unter: www.tfl.gov.uk

Fahrradvermietung: Fahrradfahren in London ist so eine Sache. Zum einen ist der Verkehr unvergleichbar mit dem einer anderen europäischen Metropole (weder auf der Straße noch auf dem Bürgersteig ist Platz für Radfahrer), zum anderen ist die Luft auf den Straßen nicht besonders radfahrerfreundlich. Wer trotzdem eine Strecke per Velo zurücklegen möchte, sollte sich an die **Santander Cycles**, die Londoner Stadträder halten. Im Vergleich zu den wenigen Lokalen Radverleihen ist dieses System unkompliziert und preisgünstig. www.tfl.gov.uk/modes/cycling/santander-cycles

Man muss nicht der weltgrößte Fan der Harry-Potter-Reihe sein, um auf der **Tour for Muggles** sehr viel Spaß zu haben. Zwei Stunden lang wird man von einem Abgesandten des *Britischen Zauberministeriums* auf den Spuren von Harry, Ron und Hermine durch London geführt, hört zahlreiche Insider-Stories und erfährt, wo sich die magischen Orte klar erkenntlich und doch verborgen befinden. Auf Bitte des Veranstalters sollten alle Teilnehmer ihre Besen zu Hause lassen. www.tourformuggles.com

CAMPING

Selbst in London kann sich Camping noch einigermaßen grün und idyllisch anfühlen. Die **Crystal Palace Caravan Club Site** liegt weit genug vom quirligen Zentrum entfernt, um Erholung zu bieten, und ist doch gut angebunden. Nach einigen Minuten erreicht man zu Fuß die nächstgelegene Bushaltestelle, von

der aus man mit der Buslinie Nummer 3 ohne Umsteigen in unter 50 Minuten bis zur Oxford Street gelangt. Crystal Palace selbst ist ein angenehmer Stadtteil mit zahlreichen Einkaufsmöglichkeiten.

» Verkauf von Tee und Kaffee
» Imbiss-Restaurant
» Toiletten & Duschen
» Barrierefreie Sanitäranlagen
» Waschmaschine
» Grillen erlaubt
» Hunde erlaubt
» Entsorgung für Chemietoiletten

Wissenswert: Der Campingplatz liegt in der London Low Emission Zone, weshalb Kosten für Fahrzeuge anfallen können. Infos unter https://tfl.gov.uk/modes/driving/check-your-vehicle/

Parade, Old Cople Ln, London SE19 1UF
Telefon +44 20 8778 7155
www.caravanclub.co.uk/club-sites/england/south-east-england/london/crystal-palace-caravan-club-site

ESSEN

Budget: Die kleinen, aber feinen australischen Cafés der Minikette **Antipodea** findet man in Putney, Richmond und Kew. Das Frühstück ist den ganzen Tag über erhältlich, was ein Glück ist, denn es beinhaltet einen göttlichen Karottenkuchen. Dazu gibt es guten Kaffee, frische Säfte und Cocktails, in denen man baden möchte. So gut, dass man nicht ohne Tischreservierung auftauchen sollte.

Wir empfehlen: 9 Station Approach Kew, London, TW9 3QB
Telefon +44 20 8940 6532
www.antipodea.co.uk

Im Herzen von South Kensington erhellt **Muriel's Kitchen** mit ihrem wunderbar gemütlichen und luftigen Ambiente die Gemüter. Von einem *full english breakfast* über die Blumekohl fritatta bis hin zur Pavlova gibt die Speisekarte alles her,

was die Briten so gerne als comfort food bezeichnen. Damit sind eher reichhaltige Gerichte gemeint, die einen sentimentalen Wert besitzen. Ob mit oder ohne Nostalgie: Es schmeckt und ein Besuch in der wunderbaren Küche sollte bei einem Besuch in London nicht fehlen.

1-3 Pelham St, South Kensington London SW7 2ND
Telefon +44 20 7589 3511
www.murielskitchen.co.uk

Vom Feinsten: Indische Restaurants gibt es in London wie Sand am Meer. Davon sind einige gut und andere weniger, erwartet wird von ihnen aber, dass das Essen günstig ist. Das **Gymkhana** bietet sozusagen eine Nachhilfestunde in indischem Luxusessen. Mit einem Michelin-Stern ausgezeichnet bereiten die Chefs an sieben Tagen der Woche ein Mittags- und Abendmenu zu. Aus dem Tandoori-Ofen, vom Grill oder ein einem würzigen Curry – doch immer mit einer besonderen

Note. Inspiriert von den exklusiven Clubs Indiens sollen sich die Gäste hier wie die Mitglieder eines solchen fühlen.
42 Albemarle Street, London W1
Telefon +44 20 3011 5900
www.gymkhanalondon.com

NIGHTLIFE

Es ist nun wirklich keine Kunst, in London ein Pub zu finden und dort einen unterhaltsamen Abend zu verbringen. Entgegen ihrer Gewohnheiten in der Öffentlichkeit (Londoner schauen beispielsweise in der Bahn niemandem in die Augen) sind die Einheimischen nach

ein paar Bier bekanntermaßen recht gesellig. So auch häufig erlebt in **Waxy O'Connor's**, dem größten irischen Pub der Stadt. Seine sechs Etagen bieten reichlich Platz für ehrliche Gastfreundlichkeit.
14-16 Rupert St, London W1D 6DD
www.waxyoconnorslondon.co.uk

INSIDER-TIPP SIGHTSEEING

Waterstones Picadilly ist unbestritten die größte Buchhandlung im United Kingdom – vielleicht sogar in ganz Europa. Über

HIGH-LIGHT

sechs Etagen ziehen sich die gigantischen Verkaufsflächen und lassen mit ihren über zwölf Kilometer langen Bücherregalen die Herzen aller Literaturfans höherschlagen. Die Kinderbuchabteilung ist im Look eines Zirkuszeltes gehalten. Es gibt **zwei Cafés** im Shop, ganz oben lädt die **5th View Bar & Food** zum Ausruhen, Verweilen und vielleicht ja auch zum Schmökern ein.
203-206 Piccadilly, St. James's
London W1J 9HD

Wer in London einmal richtig durchatmen möchte, sollte einen Spaziergang im **Hampstead Heath** machen. Der über drei Quadratkilometer große Park hat 25 größere Teiche, Wald- und Sumpfflächen. Vor

allem aber bietet er vom 98 Meter hohen **Parliament Hill** eine grandiose Aussicht über die Stadt und ihre Sehenswürdigkeiten. Bei gutem Wetter lohnt sich ein Picknick im Park jederzeit und man kann sich unter die vielen Londoner mischen, die es lieben, hier ihre Freizeit zu verbringen.

Das Kuriosum, oder **The Viktor Wynd Museum of Curiosities, Fine Art & Natural History**, ist eines der ungewöhnlichsten Museen, die diese Welt zu bieten hat. Dafür wird sie von Viktor Wynd, dem Inhaber des Museums, bereist, der seine Sammlung immer wieder um schräge und wundersame Ausstellungsstücke erweitert. Zur Sammlung gehören zweiköpfige Lämmer, Dodo-Knochen und Meerjungfrauen aus Fiji. Das trifft vielleicht nicht jedermanns Geschmack, doch wer sich hier wohl fühlt, kann es sich direkt an der dazugehörigen Bar bequem machen und noch ein bisschen weiterstaunen.

Victoria Buildings, 11 Mare St, London E8 4RP

Madrid

Madrid hat keinen Eiffelturm, kein Kolosseum und auch nicht die Sagrada Familia, und doch fehlt in der spanischen Stadt nichts, denn sie ist für eines bekannt: Madrid weiß, wie man lebt! Die Kulisse dafür bildet die unglaublich vielfältige Architektur: vom mittelalterlichen Herrenhaus bis hin zu den ungeahnten Winkeln der zeitgenössischen spanischen Baumeister.

TIPPS FÜR DIE CITY

Public Transport: Wer in Madrid ist, der merkt schnell, dass man die Stadt wunderbar mit den öffentlichen Verkehrsmitteln erkunden kann. Ein effizientes und zuverlässiges U-Bahn-System wird durch ein gut organisiertes Busnetz, Straßenbahnen und Züge ergänzt. Weitere Infos unter www.metromadrid.de

Fahrradvermietung: City-Räder, Mountainbikes, E-Räder, Trekking-Bikes und sogar Klappräder und Inline-Skates, Longboards und E-Roller vermietet **Rent and Roll Madrid**, nur vier Gehminuten vom Prado Museum entfernt. Helme, Schlösser und Lichter sind dabei inklusive. Wer nicht alleine radeln möchte, kann sich einer der angebotenen geführten Touren anschließen.
C. de Felipe IV, 10, 28014 Madrid
Telefon +34 9 1148 4967
www.rentandrollmadrid.com

Madrid Tapas Tour: Was zunächst wie ein Vorurteil klingt, lässt sich in Madrid beobachten. Die Spanier lieben Essen! Um die spanische Küche mit ihren vielen Facetten so gut wie möglich kennenzulernen, sollte man sich wie die Einheimischen durch viele kleine Gerichte schlemmen — und das in vielen verschiedenen Tapas-Bars und Restaurants. Die **Lonely Planet Private Madrid Tapas Adventures Tour** nimmt ihre Gäste mit zu fünf Tapas Stopps, organisiert eine Oliven- und Käse-Verköstigung und vieles mehr. Infos und Buchungen unter www.urbanadventures.com

CAMPING

Den City-Campingplatz **Camping Osuna** liegt direkt am historischen Park „El Capricho" und dem Park Juan Carlos I. Gegründet wurde er bereits 1959. Nur zwanzig Minuten Metrofahrt vom Zentrum entfernt kann man hier sein Zelt im auf Grün- und Waldflächen aufschlagen. Einfach, aber sauber und vollkommen ausreichend sind zum Beispiel die sanitären Einrichtungen und das „Wifi-Wohnzimmer".

» Mini-Markt
» Restaurant
» Toiletten & Duschen
» Waschmaschinen
» Kostenloses WLAN
» Spielplatz

» Entsorgung für Chemietoiletten
» Aufenthaltsraum
» Picknickplatz

C. Jardines de Aranjuez s/n
28042 Madrid
Telefon +34 9 1695 8069
www.campingosuna.com

ESSEN

Budget: Das **Bazaar** ist und bleibt eine beliebte Institution im Stadtviertel Chueca. Das leuchtend weiße Interieur mit seinen deckenhohen riesigen Fenstern und der theaterähnlichen Beleuchtung erweckt den Eindruck, man habe gerade ein Hochglanzmagazin betreten. Doch die Atmosphäre ist ungezwungen, die Cocktails legendär und das Essen köstlich. Reservierungen sind nur wochentags möglich, ansonsten sollte man ein bisschen Wartezeit in Kauf nehmen.
C. de la Libertad, 21, 28004 Madrid
Telefon +34 9 1523 3905
www.andilana.com

Der richtige Ort um original spanische Paella zu essen ist das **Restaurante La Barraca**. In den Augen vieler Einheimischer gibt es hier die beste Version des spanischen Nationalgerichts der ganzen Stadt – und das bereits seit fast 90 Jahren. Obwohl es auch hier verschieden Versionen der Reispfanne gibt, empfiehlt sich das originale Rezept aus Valencia: mit weißen und

grünen Bohnen, Huhn und Kaninchen. Alle Paellas werden ab zwei Personen serviert.
C. de la Reina, 29, 28004 Madrid
Telefon +34 9 1532 7154
www.labarraca.es

Vom Feinsten: Im ältesten Restaurant der Welt speisen, das kann man nicht jeden Tag. Das **Sobrino de Botín**, auch Restaurante Botín genannt, hat diesen Titel vom Guinness-Buch der Rekorde erhalten. Gegründet wurde das Restaurant bereits 1725 – genügend Zeit, um das Spanferkel und Lamm aus dem Ofen nach katalanischer Art zu perfektionieren. Denn dafür ist das traditionelle Restaurant unter anderem bekannt. „Originalität heißt, zum Ursprung zurückzukehren“, zitiert es daher auf seiner Website auch passend den katalanischen Architekten Antoni Gaudí.
C. de Cuchilleros, 17, 28005 Madrid
Telefon: +34 9 1366 4217
www.botin.es

HIGH-LIGHT

NIGHTLIFE

Nightlife: Madrid ist für sein unbeschwertes Nachtleben bekannt. Schon Ernest Hemingway stellte in den 1930er-Jahren fest: „in Madrid geht niemand zu Bett, bevor er die Nacht zum Tage gemacht hat". An warmen Abenden eignet sich die **Rooftop-Bar Madrid Circulo de Bellas Artes** hervorragend für so ein typisches Madrid-Erlebnis. Neben den über dreißig Getränken gibt es auch Essen und einen sehr guten Service, nicht zu vergessen der spektakuläre Blick über die Stadt. Der Eintritt kostet fünf Euro.
Calle del Marqués de Casa Riera, 2
28004 Madrid, Telefon +34 9 1530 1761
www.azoteadelcirculo.com

INSIDER-TIPP SIGHTSEEING

Madrid aus der Vogelperspektive ist ein lohnenswertes Erlebnis. Möglich macht es die Luftseilbahn **Teleférico de Madrid**. Seit 1969 kann man die fast 2,5 Kilometer von der Paseo del *Pintor Rosales* bis zur Station mitten im weitläufigen Park *Casa del Campo* in der Luft zurücklegen. Am höchsten Punkt befindet man sich 40 Meter über dem Boden. In die 80 Kabinen passen jeweils vier bis fünf Personen. Wer jetzt noch Überzeugung braucht: Von hier erlebt man Madrid ganz ohne Verkehr!

Mitten im **Parque del Retiro** gibt es ein magisch anmutendes Gebäude zu entdecken: Gebaut im Jahr 1887, stellt der **Palacio de Cristal** eine perfekte Struktur aus Stahl und Glas dar. Der riesige Wintergarten ist Teil des **Reina Sofía Museums**. Besonders schön fällt das Licht bei Sonnenuntergang durch die unendlich vielen Fenster. Es lohnt sich daher, den Besuch am späten Nachmittag zu planen. Wer kann, sollte im Herbst miterleben, wie die herabfallenden Blätter der Bäume im Park vom Wind um das Gebäude gewirbelt werden.

Nur zwanzig Minuten Fußweg vom Zentrum Madrid, im gut betuchten Viertel La Florida, befindet sich die **Javier Lopez Art Gallery**. Obwohl hier eindrucksvolle Kunstwerke zeitgenössischer Künstler ausgestellt werden, gilt die Galerie noch immer als Geheimtipp und ist nur wenigen Kunstliebhabern bekannt. Die entspannte Nachbarschaft und das futuristische Gebäude geben zudem die Möglichkeit einer kleinen Pause vom Trubel der Madrider Innenstadt.
C. Guecho, 12, B, 28023 Madrid
Telefon +34 9 1593 2184
www.javierlopezferfrances.com

Mailand

Nachdem Leonardo da Vinci hier seinerzeit „Das letzte Abendmahl" schuf und damit alle bestehenden Regeln brach, ist Mailand auch heute noch Italiens Stadt der Zukunft. Kreativität steht in der zweitgrößten Stadt des Landes hoch im Kurs, sei es im Design, beim Essen oder in anderen Lebensbereichen —dabei gut auszusehen, ist für die Mailänder eine Selbstverständlichkeit.

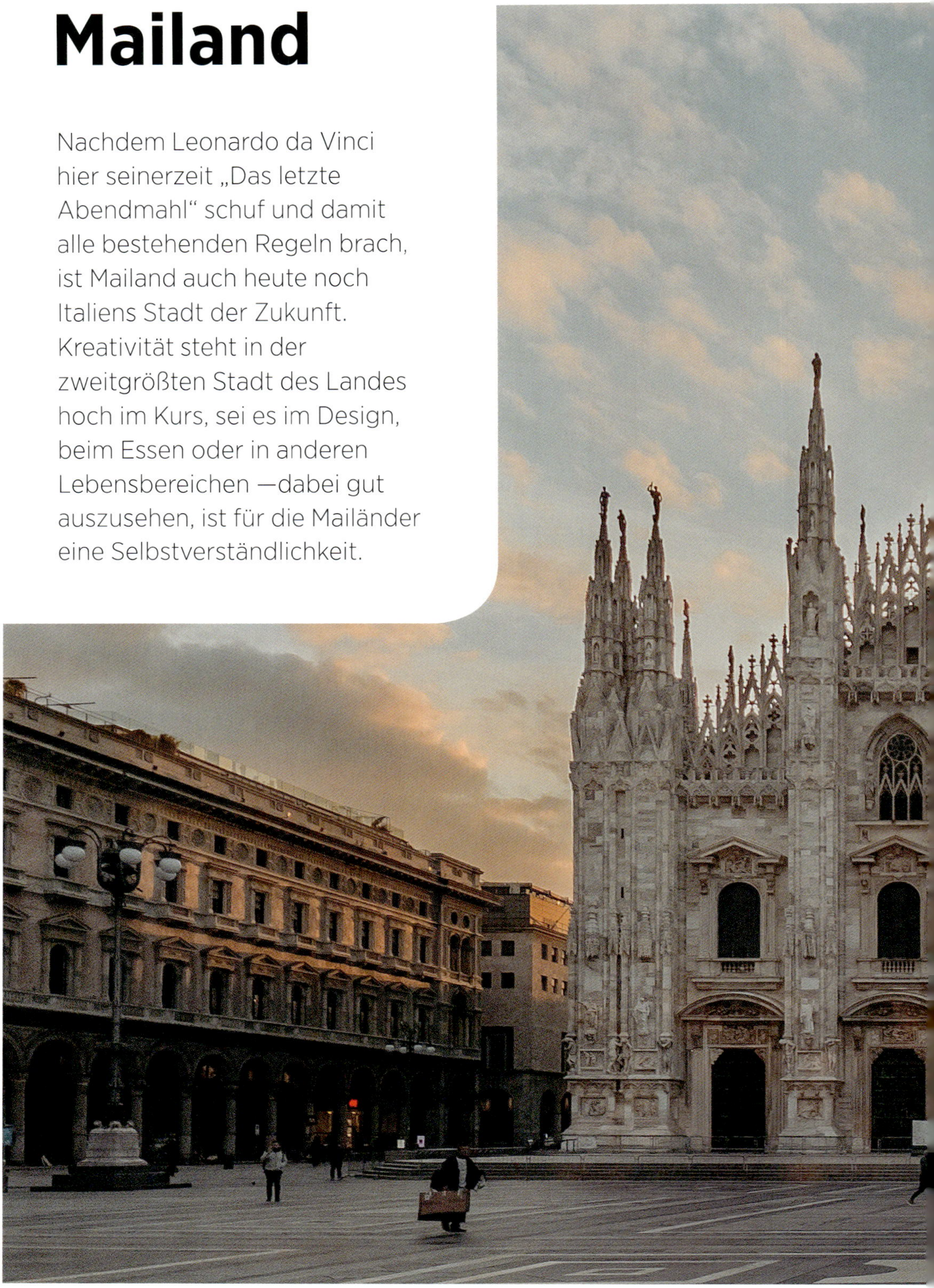

TIPPS FÜR DIE CITY

Public Transport: Innerhalb des Zentrums von Mailand kommt man am besten zu Fuß von einem Ort zum anderen. Für alle anderen Ziele eigenen sich die U- und Straßenbahn und die Buslinien von Azienda Trasporti Milanesi. Das System ist auch für Besucher gut verständlich und Tickets im Vergleich zu anderen Städten eher günstig. Mehr Infos unter www.atm.it

Fahrradvermietung: Mit seinen 325 Stationen und 5.430 Fahrrädern kann sich Mailand in Sachen Fahrrad-Sharing sehen lassen. **BikeMi** heißt das Ganze und ermöglicht mithilfe einer App die unkomplizierte Nutzung von „normalen" Rädern und E-Bikes mit Kindersitz. Wer ein Rad mieten möchte, sollte zu **AWS Bici** gehen. Das traditionelle Unternehmen vermietet gute Stadt- und Rennräder in exzellentem Zustand und bietet Gruppentouren an.
Via Ponte Seveso, 33 20125 Milano
Telefon +39 02 6707 2145
www.awsbici.com

Wer davon träumt einen Einblick in Mailänder Modeateliers und Showrooms zu bekommen, kann sich diesen Traum nun erfüllen. **The Original Milano Fashion Tour** zeigt Einzelpersonen oder kleinen Gruppen in 60 Minuten oder mehreren Stunden, was *Made in Italy* wirklich bedeutet, und bietet Einblicke in die Studios von Gewandmeistern. Aber Vorsicht: Am Wochenende sind diese häufig geschlossen, daher empfiehlt sich eine Klärung vor der Buchung.
milanofashiontour.com

CAMPING

Camping Città di Milano liegt direkt neben einem großen Aqua-Vergnügungspark und nahe der Autobahn. Der Platz ist gut ausgestattet, besitzt jedoch keine persönliche Note. Der größte Vorteil des eher schlichten Großstadt-Campingplatzes ist seine Nähe zum Zentrum Mailands. In weniger als 50 Minuten kann man es von der Campingwiese bis in die Innenstadt schaffen.

» Brötchenservice
» Restaurant
» Toiletten & Duschen
» Barrierefreie Sanitäranlagen
» Kinderbäder
» Minimarkt
» Waschmaschinen & Trockner

» Hunde erlaubt
» Kostenloses WLAN
» Entsorgung für Chemietoiletten

Via Gaetano Airaghi, 61
20153 Milano
Telefon +39 02 4820 7017
www.campingmilano.it

ESSEN

Budget: Etwa zwanzig Minuten Fußweg vom direkten Zentrum, im Bezirk Sarpi, liegt eine kleine grüne Oase, für die sich der Weg wirklich lohnt. Das **oTTo** ist ein Café voller Grünpflanzen und lädt mit seinen Sofas, seiner Musik und mit seiner entspannten Atmosphäre dazu ein, die Akkus wieder aufzuladen, bevor es weitergeht. Die Sandwiches und leichten Gerichte sowie warme und kühle Getränke erledigen den Rest. Und wer möchte, der streckt sich noch einmal kurz auf einer Coach unter dem Grünen aus.
Via Paolo Sarpi, 8
20154 Mailand
www.sarpiotto.com

„Eating is an agricultural act", zitiert das **Ebra Brusca** Wendell Berry. Soll heißen: Alles, was wir zu uns nehmen, hat einen Bezug zur Landwirtschaft. Wer hier am Tisch sitzt, sei es im Garten oder im Restaurant, kann sich kurzer Transportwege sicher sein. Viele der Zutaten für die modernen italienischen Gerichte kommen direkt aus dem eigenen Gemüsebeet. Direkt

am Kanal gelegen ist das Restaurant mit Wohlfühl-Garantie besonders sonntags ein beliebter Treffpunkt der Mailänder.
Alzaia Naviglio Pavese, 286
20142 Mailand, Telefon +39 02 8738 0711
www.erbabrusca.it

Vom Feinsten: Auf der **Terrazza 12**, einer schicken Rooftop-Bar, nur fünf Gehminuten entfernt vom Dom, kann man es sich gutgehen lassen: *Aperitivos*, Austern, saisonaler Fisch und erstklassige Fleischgerichte,

begleitet von köstlichen Gemüsebeilagen und einem atemberaubenden Ausblick über Mailand. Dabei bleibt das Ambiente ungezwungen und man fühlt sich eher wie auf der Dachterrasse guter Freunde – was dem Erlebnis noch das i-Tüpfelchen verpasst.
Via Durini, 28 c/o Brian & Barry Building, Piano 9, 20122 Milano
Telefon +39 02 9285 3303
www.ariccioneterrazza12.it

NIGHTLIFE

Keine Bar der Welt ist so mit dem italienischen Kultgetränk Campari verbunden wie das **Camparino**. Bereits seit 1915 wird der Aperitif hier traditionell zubereitet. Ein Ritual. Gelegen in der Galleria Vittorio Emanuele II, der prunkvollen Einkaufs-Galerie, ist die Bar eine wahre Jugendstil-Schönheit.
Piazza del Duomo, 21, 20121 Milano
www.camparino.com

INSIDER-TIPP SIGHTSEEING

Im Kloster **San Vittore al Corpo**, direkt neben dem Nationalen Museum der Wissenschaft und Technik Leonardo Da Vinci, befindet sich eine Basilika unbekannter Herkunft. Das atemberaubende Gewölbe im Hauptschiff ist getäfelt mit unzähligen Abbildungen — vermutlich der Heiligen, die hier verehrt wurden. Auch die goldene Kuppel beeindruckt und bietet einen herrlichen Ausblick über die Stadt.

HIGHLIGHT

Früher war Mailand, ähnlich wie Venedig oder Amsterdam, von Kanälen durchzogen. Heute zeugt das **Navigli-Viertel** mit seinem Wasser davon, wie es sich hier vor einigen Hundert Jahren angefühlt haben muss. Das Viertel rund um die alten Kanäle mit seinen unzähligen Restaurants und versteckten Innenhöfen ist besonders abends einen Besuch wert. Wer jedoch in den vielen Boutiquen shoppen möchte, sollte es auch am Tag nicht verpassen.
Via San Vittore 25, 20123 Mailand

Progetto Quid heißt ein Projekt, das von jungen italienischen Designern ins Leben gerufen wurde, um mehr Nachhaltigkeit und Ethik in die Modebranche zu bringen. Die kleinen Kollektionen werden von Menschen (meist Frauen) genäht, denen eine Ausbildung und ein festes Einkommen dabei hilft, ihre Vergangenheit hinter sich zu lassen. Viele waren vorher drogenabhängig, einige prostituierten sich. Verarbeitet werden Stoffe, die aus den riesigen Modeproduktionen als Abfall hervorgehen. In kleinen Boutiquen werden die hippen Kollektionen zu fairen Preisen verkauft.
Corso di Porta Ticinese, 73
20123 Milano
www.shop.progettoquid.com

München

Hochmoderne Luxusautos und Bierkrüge, exzentrische Kunst und Lederhosen: München ist die Stadt, in der Gegensätze ideal miteinander harmonisieren. Die Tradition des Bierbrauens ist in keiner anderen Stadt Europas so verankert und gleichzeitig ausgesprochen lebendig – und das nicht nur während des Oktoberfests. Gemütlichkeit hat einen hohen Stellenwert, erkennbar an der Vielzahl und Qualität der Biergärten. Je länger der Aufenthalt, desto gemütlicher wird der City-Trip durch Bayerns Hauptstadt.

TIPPS FÜR DIE CITY

Public Transport: Ob U-Bahn, Tram oder Bus: München lässt sich hervorragend mit dem öffentlichen Nahverkehr erkunden. Neben den üblichen Tages- und Gruppentickets gibt es eine Auswahl an Angeboten speziell für Touristen. Mehr Infos unter www.mvv-muenchen.de

Fahrradvermietung: Nahe dem Isartor bietet **Mike's Bike Rentals** bequeme „Cruiser"-Fahrräder, Kinderräder in vielen Größen und klassische City-Bikes mit Korb, Stadtplan, Schloss an. Außerdem kann man Kinder-Fahrradsitze und Helme mieten. Viele Ausflugstipps und einen freundlichen Service gibt es gratis dazu! www.mikesbiketours.com

Der **München City Pass** ermöglicht neben der Nutzung des Münchener Nahverkehrs auch eine kostenfreie Stadtführung sowie freien Eintritt in die bekanntesten Münchener Sehenswürdigkeiten und Attraktionen, wie zum Beispiel das Deutsche Museum und Schloß Nymphenburg. Außerdem gibt es Rabatte bei anderen Attraktionen, beim Shopping und Zugaben in einigen Restaurants. www.turbopass.de

CAMPING

Campingplatz München-Obermenzing: Gemütlicher Campingplatz, auf dem dichte Buschhecken die einzelnen Stellplätze voneinander trennen und dafür sorgen, dass man sich nahe der Innenstadt mitten im Grünen fühlt. Ein Badesee in der Nähe sorgt an heißen Tagen für Erfrischung. Wer sich von innen erfrischen möchte, bekommt an der Bar kühle Getränke, dazu Pizza, Burger und Hot Dogs. Im Zentrum Münchens ist man in etwa einer halben Stunde: einfach zwei Stationen mit dem Bus fahren und dann in die S-Bahn umsteigen. Reservierungen sind nicht möglich, laut Betreiber aber normalerweise auch nicht notwendig.

Ausstattung:
» Toiletten
» Duschen
» Einzelwaschkabinen
» Wäsche und Geschirrraum
» Waschmaschine
» Trockner
» Kochstellen
» Selbstbedienungsladen/Minishop
» Aufenthaltsraum mit TV
» Kinderspielplatz

» Bar mit kleinen Speisen
» Hunde willkommen
Barzahlung und per EC-Karte möglich.
Lochhausener Straße 59
81247 München, Telefon 089 8112 235
www.campingplatz-muenchen.de

ESSEN

HIGHLIGHT

Budget: Die **Pommes Boutique München** serviert original belgische Pommes aus Bio-Kartoffeln zusammen mit einer Auswahl von 30 ausgefallenen Dips. So gut, dass Besucher am Ende des Menüs noch die letzten Reste mit den Fingern aufwischen. Neben Fritten und hausgemachten Limos stehen zum Beispiel Currywurst, Käsesandwich mit gegrillten Ochsenfetzen und wechselnde Wochengerichte auf der Karte.
Amalienstraße 46
80799 München
Telefon 089 9547 3312

In einer ehemaligen Brauerei hat sich das moderne vegetarische Restaurant **Prinz Myshkin** niedergelassen und macht auch dem letzten Zweifler klar, dass gesund angesagt ist. Hell und einladend, drinnen wie draußen, bietet das Restaurant einen wechselnden Mittagstisch und eine vielfältige Abendkarte mit Gerichten wie Zen-Sticks und Isarauen.
Hackenstraße 2
80331 München
Telefon 089 26 5596
www.prinzmyshkin.com

Vom Feinsten: Leibgerichte und Überraschungen aus unserer Heimat, das versprechen die Küchenchefs im traditionellen **Weinhaus Neuner**. Ausschließlich bayrische und österreichische Spezialitäten mit Zutaten aus bayrischen Gärten, Gewässern und den Weiden des Voralpenlandes. Begleitet werden die modernen Klassiker natürlich von ebenso guten Weinen. Restaurant und Stüberl mit der unaufdringlichen Holzvertäfelung laden zur Münchener Gemütlichkeit ein. Eine Reservierung wird empfohlen.
Herzogspitalstraße 8
80331 München
Telefon 089 260 3954
www.weinhaus-neuner.de

NIGHTLIFE

Das **Heart** ist ein exklusiver Restaurant-Bar-Club mit kunstvoller Gastronomie und wechselnden Veranstaltungen. Außergewöhnliche Beleuchtung und beeindruckende Chillout-Ecken in einem gehobenen und gleichzeitig lässigen Ambiente geben dem Abend hier das gewisse Etwas. Eine Tischreservierung ist da natürlich empfohlen.

Lenbachplatz 2, 80333 München
Telefon 0160 9090 0224
www.h-e-a-r-t.me

INSIDER-TIPP SIGHTSEEING

Von Maximilian III. beauftragt, gestaltete François Cuvilliés der Mitte des 18 Jahrhunderts eines der feinsten europäischen Rokoko-Theater, das **Cuvilliés-Theater**. Mozarts Oper Idomeneo feierte hier im Januar 1781 ihre Uraufführung. Beeindruckend sind die 14 Logen, die sich hufeisenförmig in vier Stockwerken um das Parterre schließen, allemal. Besucher können sich den Zuschauerraum des recht „frisch" renovierten Theaters anschauen. Karten für die Vorstellungen sollte man rechtzeitig buchen.

Marstallplatz 5, 80539 München
www.residenztheater.de/cuvillestheater

Der Erhalt seltener Pflanzenarten war das ursprüngliche Ziel, als der **Rosengarten** vor einigen Jahrzehnten angelegt wurde. Aufgeteilt in einen Duftgarten, einen Fliedergarten, einen Tastgarten und eine Giftpflanzengarten werden viele Sinne angesprochen und sogar noch Wissen vermittelt. Wer sich einfach nur ein bisschen erholen möchte, findet immer eine gemütliche Bank dafür. Außerdem gibt es ein Wirtshaus.

Sachsenstraße 2, 81543 München

Egal ob Schnäppchenjäger, Flohmarktfreund oder einfach nur interessiert: Der Weg mit der Tram zum **Flohmarkt im Olympiapark** lohnt sich. Wer gezielt nach Sammlergegenständen sucht, der sollte sich früh auf den Weg machen, denn auch morgens um sieben Uhr tummeln sich die ersten Flohmarkt-Begeisterten an den Verkaufsständen. Der Markt findet freitags und samstags statt, Ausnahmen sind Feiertage.

Ernst-Curtius-Weg, 80809 München
www.olympiapark.de

LUDWIG BECK

Oslo

Weit oben im Norden, irgendwo zwischen Bergen und Meer, liegt das traumhaft schöne Oslo. Das kulturelle Erbe von Edvard Munch und Henrik Ibsen wird hier gefeiert, genau wie die spektakuläre, alles umgebende Natur und das Leben an sich.

TIPPS FÜR DIE CITY

Bezahlen: Norwegische Kronen sind die Währung des Landes. 1 NOK entspricht etwa 0,10 Euro.

Public Transport: Oslos Zentrum lässt sich sehr gut zu Fuß erkunden, doch einige Sehenswürdigkeiten sind in den Vororten und diese erstrecken sich über einige Kilometer. Wer Bus, Bahn und Fähre nutzen möchte, erlebt eines der weltweit besten Netzwerke – und auch eines der teuersten. Ein Tagesticket liegt bei 114 NOK. Weitere Infos unter www.ruter.no

Fahrradvermietung: Im Sommer kann man Oslo hervorragend mit den Tourenrädern, Citybikes, Mountainbikes und E-Rädern von **Viking Biking** erkunden. Und auch im Winter, wenn Oslo von einer dicken Schneedecke überzogen ist, versorgt der Rad- und Wanderspezialist Besucher mit den passenden Rädern: mit über 400 kleinen Spikes an jedem Laufrad. Egal zu welcher Jahreszeit: Helm, Schloss und Stadtplan gehören zur Standardausstattung.

Akershusstranda 31
0150 Oslo, Tel. +47 41266496
www.vikingbikingoslo.com

Wie fast alle Metropolen hat auch Oslo in den vergangenen Jahren eine regelrechte Mikrobrauerei-Revolution erlebt und es gibt reichlich gute Biere zu entdecken. Viele der schmackhaften neuen Osloer Marken nehmen es locker mit den Labels „erfahrener Bierländer" auf. Für alle, die sich gern über Geschmack, Farbe und Trübung, über Brauverfahren und die Personen hinter den neuen Geschmäckern interessieren, gibt es die **Oslo Beer Tour** inklusive Snacks. www.musement.com

CAMPING

In einer idyllischen Landschaft an Oslos Stadtrand liegt **Bogstad Camping**. Umsäumt von Wäldern ist der nächste Nachbar ein natürlicher See mit Badestrand.

Der Campingplatz ist zwar der größte Norwegens, doch besitzt er eine gute Aufteilung, sodass man niemals das Gefühl von Enge verspürt. Etwa 10 Kilometer sind es ins Zentrum Oslos – mit öffentlichen Verkehrsmitteln ist man innerhalb von 30 Minuten dort.

» Minimarkt
» Öffentliche Küche
» Toiletten & Duschen
» Minigolfanlage
» Spielplatz
» kostenloses WLAN (Empfang nicht garantiert)
» Entsorgung für Chemietoiletten

Ankerveien 117, 84, 0166 Oslo
Telefon +47 2251 0800
www.topcamp.no/en/bogstad/bogstad-camping

ESSEN

Budget: **Smalhans** heißt das angenehme Restaurant mit Hausmannskost, ausgezeichneten Burgern und Naturweinen,

das als Treffpunkt für alle Generationen gilt. Und tatsächlich ist hier Schmalhans Küchenmeister, und zwar in dem Sinn, dass man Wert auf kurze Lieferketten und natürliche Produkte legt und schmackhafte Erlebnisse zu erschwinglichen Preisen ermöglicht. Der Michelin Guide zeichnete das 2012 mit dem *Bib Gourmand* aus.
Ullevålsveien 43, 0171 Oslo
Telefon +47 2269 6000
www.smalhans.no

Man sollte sich nicht vom Namen täuschen lassen, das **Kafe Oslo** ist ein Restaurant. Gelegen im Literaturhaus Oslo, einer absoluten Institution mit Lesungen, Workshops und Arthouse-Filmen (manchmal in Englisch), bringt man hier gute norwegische Küche auf den Tisch. Der wechselnde Mittagstisch ist sehr empfehlenswert und für Osloer Verhältnisse auch günstig.
Wergelandsveien 29
0167 Oslo
Telefon +47 2154 8571
www.kafeoslo.no

HIGH-LIGHT

Vom Feinsten: Europäische Küche elegant und simpel, vor allem aber mit Bedacht zubereitet – das darf man sich von einem Besuch im **Ekeberg Restauranten** versprechen. Das außergewöhnliche Haus, 1929 erbaut vom Architekten Lars Backer, war schon einmal im Verfall begriffen, wurde aber glücklicherweise 2005 aufwendig restauriert. Die Hanglage sorgt für einen tollen Blick auf Oslo aus Vogelperspektive, besonders im Sommer, wenn die riesige Terrasse für Gäste geöffnet ist.
Kongsveien 15, 0193 Oslo
Telefon +47 2324 2300
www.ekebergrestauranten.com

NIGHTLIFE

Mit seinen gemixten Cocktails und seinen destillierten Spirituosen ist es das Anliegen des **Himkok**, seinen Gästen einen Einblick in die norwegische Kultur gewähren und dabei der Natur seiner Heimat treu bleiben. In der hauseigenen Brennerei produziert man dafür Wodka, Aquavit und Gin mit einer typisch nordischen Note. Die Eingangstür der hochpreisigen Cocktailbar ist nur mit einem kleinen H gekennzeichnet: Um sie zu erkennen, muss man gut hinschauen.
Storgata 27,
0184 Oslo
Telefon +47 2242 2202
www.himkok.no

INSIDER-TIPP SIGHTSEEING

„Grenzen? Ich habe sie nie gesehen. Aber ich habe gehört, dass sie in den Köpfen anderer Menschen existieren." Dieses wunderbare Zitat stammt von Thor Heyerdahl, der 1947 den Pazifik auf einem Floß aus Balsaholz überquerte. Der dabei entstandene Film erhielt 1951 den Acadamy Award für den besten Dokumentarfilm. **The Kon Tiki Museum** stellt das originale Kon-Tiki-Floß und viele andere Objekte weiterer Expeditionen Heyerdahls aus.
Bygdøynesveien 36, 0286 Oslo
Telefon +47 2308 6767
www.kon-tiki.no

Als *hipstoric* bezeichnen die Osloer das Szeneviertel **Grünerløkka**. Der Begriff mag ein wenig irritieren, doch der Stadtteil überzeugt mit einladenden Parks, historischen Holzhäusern, trendigen Cafés und Bars und

jeder Menge Straßenkunst. Wieviel Einfluss das frei denkende und kreative Umfeld auf Edvard Munch hatte, während er hier aufwuchs, lässt sich heute nur noch ahnen. Seit einigen Jahren ist die **Mathallen Oslo** auf dem ehemalige Vulkan-Fabrikgelände zu Hause und hat das stillgelegte Gebiet auf erstaunliche Weise wiederbelebt. In der luftigen Lebensmittel-Markthalle kann man nach Herzenslust gucken und staunen und natürlich regionale Spezialitäten wie Geitost (ein karamelliger Ziegenkäse), *Lutefisk* (wässriger Stockfisch) oder Lakritz in tausend Varianten probieren. Viele kleine Produzenten verkaufen ihre Bio- und Fair-Trade-Produkte und natürlich gibt es auch Cafés und gute, unkomplizierte Lokale.

Vulkan 5, 0178 Oslo

www.mathallenoslo.no

Paris

Berühmte und unvergleichliche Bauten wie Eiffelturm, Notre Dame und Arc de Triomphe sind ein Grund, in die elegante französische Hauptstadt zu reisen. Doch nicht nur die meisterhaften Bauwerke entlang der Alleen, sondern auch die klassischen Bistros und Weinbars, multimediale Kunstgalerien und unzählige design-orientierte Boutiquen machen den Charme der „Stadt der Liebe“ aus.

TIPPS FÜR DIE CITY

Public Transport: Die **Pariser Metro** wurde im Jahr 1900 für die Weltausstellung gebaut. Heute ist das Netz der öffentlichen Verkehrsmittel mit 300 Metrostationen, ergänzt durch Busse und Vorortszüge, noch immer der beste Weg durch die Hauptstadt Frankreichs. Im Vergleich zu anderen Großstädten sind die Fahrten dazu auch relativ preiswert. Mehr Infos unter www.ratp.fr

Fahrradvermietung: **Paris à Velo** heißt diese zentral gelegene Fahrradvermietung. Paris mit dem Mountainbike, Cityrad, Lastenrad, mit einem Anhänger, Tandem oder E-Bike – das entscheidet jeder für sich. Im Laden gibt es nicht nur das passende Fahrrad, sondern auch einiges an Zubehör und viele nützliche Tipps für die Tour zu den Sehenswürdigkeiten der spannenden Metropole. Das sympathische Unternehmen bietet auch geführte Radtouren an. Eine Website mit Informationen zu den Tarifen und Modellen hilft bei der Auswahl.
22 Rue Alphonse Baudin
75011 Paris, Telefon +33 1 4887 6001
www.parisavelo.fr

Mit einer individuellen, professionellen Fotostrecke lässt sich die Paris-Reise so persönlich und romantisch festhalten wie es selbst erfahrene Selfie-Knipser nicht hinbekommen. **The Paris Photographer** ist ein Zusammenschluss mehrerer Fotografen, die auf der gleichnamigen Website einen Eindruck ihrer Arbeit vermitteln. Je nach Geschmack kann man also wählen und das ein- bis mehrstündige Fotoshooting buchen.
www.theparisphotographer.com

CAMPING

Camping de Paris ermöglicht ganzjährig einen naturnahen Aufenthalt mitten in der Metropole Paris. Zelte, Wohnwagen und Wohnmobile finden Platz auf mit Gras bewachsenen, schattigen Parzellen. Im Sommer und an den Wochenenden werden im Food-Truck Pizzen zum Mitnehmen gebacken. Wer sich den Luxus gönnen möchte, kann den Tag im Café-Restaurant mit Kaffee und Gebäck einläuten. In der City ist man dennoch in kürzester Zeit: keine 10 Minuten Fußweg zur Haltestelle, etwa 30 Minuten Fahrt mit der Metro, dann kann man Paris mit all seinen Highlights erleben.

» Frühstück erhältlich
» Café-Restaurant
» Minimarkt
» Bäcker

» Toiletten/Duschen
» Waschmaschinen
» Kostenloses WLAN
» Hunde erlaubt

2 Allée du Bord de l'Eau
75016 Paris
Telefon +33 1 4524 3000
www.campingparis.fr

ESSEN

Budget: Strobi bringt frische Luft in die Rue Biot im Quartier de Batignolles. Das Bistro mit den geschrubbten Echtholztischen und den gemütlichen Ledersofas,

die einen Blick auf die Straße ermöglichen und zur gemütlichsten Pause in Paris einladen, hat ein außergewöhnliches Konzept entwickelt: Jedes Gericht gibt es in kleiner Probier-Version für Gourmets und Neugierige (vergleichbar mit einer Vorspeise) und in einer normalen Größe für hungrige Feinschmecker (einem Hauptgericht).

Die Gerichte sind saisonal inspiriert und wer es lieber fleischlos mag, kann statt Schweinefleisch mit Mandarinensoße oder den gerösteten Kürbis mit einem cremigen Pilz-Kartoffelpüree auswählen. Als Nachtisch empfehlen wir eine Käseplatte mit außergewöhnlichen Sorten wie zum Beispiel dem AOC Ossau Iraty, dem einzigen Käse aus den Pyrenäen.

12 Rue Biot
75017 Paris
Telefon +33 1 7238 5986
www.le-strobi.fr

Große weiße Teller mit bunten Sommerblumen auf dem Rand, orientalische Lampen und 20 gemütliche Stühle – so sieht das beliebte libanesische Restaurant **Madito** aus. Wer einen der begehrten Tische ergattern möchte, sollte im Voraus reservieren. Das Konzept des Restaurants, jedes Gericht so frisch wie möglich zuzubereiten, geht auf. Ohne Mikrowelle und Tiefkühltruhe kommt die Küche beispielsweise bei der Zubereitung von Makdous (mit Paprika und Walnüssen gefüllte Auberginen), Warak Enab (in Weinblätter gerollter Reis mit würzigem Rindfleisch) und Tawouk (Huhn in einer Joghurt-Zitronen-Marinade) aus. Auch Vegetarier kommen hier auf ihre Kosten. Das Restaurant hat keine Website. Tischreservierungen sind unter www.thefork.com möglich.
12 Rue de Candie
75011 Paris
Telefon +33 9 8426 3546

Vom Feinsten: Gelernt hat Atshushi Tanaka das Handwerk bei den besten Köchen weltweit – und dann seinen eigenen Stil entwickelt. Sein Restaurant kommt gänzlich ohne Schnick-Schnack aus. So ist das Lokal mit den hellen Wänden schlicht und überaus geschmackvoll eingerichtet. Dazu passen die Gerichte: Ungewöhnliche Zutaten wie zum Beispiel verkohlter Bambus (mit Petersilie zu hauchdünnen Chips verarbeitet), Wacholderbeerenpulver und lilafarbener wilder Fenchel muten auf großen schlichten Tellern an wie farbenprächtige Kunstwerke. Dabei bleibt die Natürlichkeit der Zutaten im Vordergrund. So schlicht wie das Konzept ist auch der Name des Restaurants: **AT**. Wer sich erst einmal herantasten möchte, der kann das kleine Menü bestellen.
4 Rue du Cardinal Lemoine, 5e
75005 Paris, Telefon +33 1 5681 9408
http://www.atsushitanaka.com

NIGHTLIFE

Eine riesige Bandbreite von Konzerten und Jam Sessions präsentiert das **Café Universel**. Von Pop über Jazz zu Latin ist alles vertreten. Vor allem viele junge Produzenten und Künstler erhalten hier die Möglichkeit, sich frei zu entfalten und ihre Ideen einem Publikum zu präsentieren. Unter den Gästen sind häufig viele Studenten und es herrscht eine entspannte Wohlfühl-Atmosphäre. Die Konzerte kosten allesamt keinen Eintritt, es wird aber eine Spende für den Künstler erwartet, wenn der Hut herumgeht. Das passende Konzert findet man unter Calendrier auf der Website des Cafés oder auf facebook. Auch eine Brasserie gehört dazu und serviert Salate, Croques und Omelette.
267 Rue Sait-Jacques
75005 Paris
Telefon +33 1 7134 6438
www.cafeuniversel.org

INSIDER-TIPP SIGHTSEEING

Mitten in Paris gibt es den **Montmartre Weinberg**. Wenn nicht gerade das jährliche Weinfest, das Anfang Oktober stattfindet, zur gemeinsamen Weinlese einlädt, kann man entweder allein durch die außergewöhnliche Oase wandern und das Ganze auf sich wirken lassen oder man bucht eine Tour und erfährt noch einiges mehr über die Geschichte und den Vin de Montmartre, den hiesigen Wein. Tatsächlich ist der Montmartre-Weinberg eines von zehn Weinanbaugebieten in Paris und eines der ältesten dazu. Während seiner Entstehung im 19. Jahrhundert wurde das Gebiet von Benediktinern bewirtschaftet und gehörte noch nicht zur Hauptstadt. Erst 1960 wurde es eingemeindet.

HIGH-LIGHT

I scream for ice cream: Seit 1954 verkauft **Berthillon** das begehrteste Eis und Sorbet von ganz Paris. Angefangen hat der Hype um das Luxus-Eis, als zu Beginn der Sechzigerjahre der französische Restaurant-Guide Gault et Millau die Öffentlichkeit auf die außerordentliche Eisdiele an der Ile Saint-Louis aufmerksam machte. Inzwischen ist ein ganzes Unternehmen daraus geworden mit einem Salon de Thé, einen Online-Shop und den wohl immer noch besten und innovativsten Eis- und Sorbetkreationen der Stadt. Schade, dass man es nicht mit nach Hause nehmen kann!

31 Rue St.-Louis-en-l'Île, 75004 Paris

www.berthillon.fr

Wer bei Paris lediglich an belebte Plätze und Sehenswürdigkeiten wie den Eiffelturm und seinesgleichen denkt, der tut der Hauptstadt Frankreichs Unrecht. Ein Besuch am **Port de l'Arsenal** rundet das Großstadt-Erlebnis Paris ab. Der Hafen verbindet den Canal Saint-Martin mit der Seine. Das kleine ruhige Hafenbecken am Place de la Bastille mit seinen Anlegestellen an beiden Seiten ist von Grünflächen gesäumt, es gibt einen Spielplatz und einen kleinen Rosengarten. Besonders im Sommer ist der Port de l'Arsenal der ideale Ort für einen Spaziergang und ein Picknick unter einem der zahlreichen Bäume. Dabei kann man die Pariser beobachten, die das Glück haben, hier ein Boot zu besitzen. Sie liegen entspannt auf den Decks ihrer kleinen Motorboote, trinken Wein und spielen Karten. Ein Besuch im Restaurant **Le Grand Bleu**, von wo aus man das Hafenbecken überblickt, kann auch nicht schaden.

67 Boulevard de la Bastille
75012 Paris

http://grandbleu-bastille.com/

Prag

Prag ist eine wunderschöne Stadt und wird häufig mit Paris verglichen. Die spannende Geschichte wird durch zahlreiche historische Monumente erzählt, die zum großen Teil zu Fuß erreichbar sind. Nicht zu vergessen: die barocken und gotischen Kirchen, die Kultur und Kunst der Stadt – und natürlich das weltweit bekannte Bier.

TIPPS FÜR DIE CITY

Public Transport: Das öffentliche Verkehrsnetz Prags gilt als eines der besten in Europa. Zwei Drittel der einheimischen Bevölkerung nutzen die Busse, U- und Straßenbahnen regelmäßig, und fast jeder Bereich der der Hauptstadt ist ohne langen Fußweg erreichbar. Bezahlen kann man die Fahrt direkt in der Bahn per Kreditkarte. Mehr Infos unter www.pid.cz

Fahrradvermietung: Allein das Logo des Fahrradverleihs, eine Rad fahrende Giraffe, ist es wert, sein Rad bei **Okolo Bikes** zu mieten. Doch auch die gut gewartete Flotte überzeugt: Mountain Bikes, Tourenräder, City Cruiser, E-Bikes, Tandems und Kinderfahrräder stehen zur Verfügung. Wer einmal etwas ganz Neues ausprobieren möchte, kann sogar ein Sitz-Tandem mit der allerneuesten Technologie ausleihen – wenn man sich erst einmal an das neue Fahrgefühl gewöhnt hat, macht eine Fahrt durch die Stadt damit unglaublichen Spaß!
8, Revoluční 1082, Nové Město
110 00 Praha
Telefon +42 06 0223 7270
www.okolo-bikes.cz

McGee's Ghost Tours of Prague nimmt seine Besucher mit auf einen Spaziergang durchs abendliche Prag. Neben den herkömmlichen Sehenswürdigkeiten, die natürlich in der Dunkelheit verlassener sind als bei Tage, gibt der Guide Einblicke in die finstere und mystische Geschichte der Stadt. Je nach Grad des eigenen Mutes kann man zwischen folgenden drei Touren wählen: Alchemie und Mysterien, Geistergeschichten und Legenden oder, für besonders couragierte Entdecker, eine dreieinhalbstündige Runde zur Psychiatrischen Klinik mit ihrem verlassenen Friedhof.
www.mcgeesghosttours.com

CAMPING

Prague Central Camp ist ein Campingplatz, der einiges zu bieten hat. Als Bestandteil des Kultur- und Naturareals Pražačka liegt er an einem Park, der unter anderem ein Basketball- und ein Volleyballfeld, ein Schwimmbad mit Freibad und Tennisplätze beherbergt. Zum Stadtwald sind es fünf Gehminuten. Ideal für Hunde und ihre Besitzer. Nur knapp vier Kilometer von der Innenstadt entfernt, erreicht man diese innerhalb von etwa 20 Minuten mit öffentlichen Verkehrsmitteln.

Ausstattung

» Verkauf von Tee und Kaffee
» Imbiss-Restaurant
» Toiletten & Duschen
» Waschmaschinen
» Minimarkt
» Hunde willkommen
» Feuerstellen
» kostenloses WLAN
» Fahrradverleih
» Entsorgung für Chemietoiletten

Nad Ohradou 2667/17, 130 00 Praha 3-Žižkov, Telefon + 42 07 7630 8770
www.praguecentralcamp.com

ESSEN

Budget: Ohne Skrupel kann man das **Krčma** als eine Institution in Prag bezeichnen. Die Gaststätte in einem urigen Kellergewölbe ist bekannt für ihre typisch lokalen Spezialitäten, die allesamt sehr fleischlastig sind. Um die Kulturpartie abzurunden, passt dazu am besten ein Bier, serviert in schweren Krügen. Wer's hochprozentig mag, bestellt als Absacker noch ein Karlsbader Becherovka. Aber Vorsicht, irgendwann muss man auch wieder raus ans Tageslicht …
4, Kostečná 925, Staré Město 110 00 Praha, Telefon +42 07 2515 7262
www.krcma.cz

Ebenfalls direkt in der Prager Altstadt findet man dieses Juwel der libanesischen Küche, das **Jaffa**. Arabisch-orientalische Gerichte wie zum Beispiel

HIGHLIGHT

Hackfleischspieße mit Tomatensauce, genannt *Kufta, Hummus, Falafel* und *Shish Kebab* bringen Tel Aviv zumindest geschmacklich nach Prag. Durchgehend geöffnet ab 10 Uhr am Vormittag.
Na Příkopě 12, 110 00 Staré Město
Telefon +42 07 2026 2202
www.jaffa-restaurant.cz

Vom Feinsten: Das **Sansho** ist ein stylisches Restaurant mit asiatischer Küche. Küchenchef Paul Day setzt auf 100-prozentige Transparenz und unterstützt lokale Bauern und vernünftige Tierhaltung, indem er verspricht, nur Fleisch von glücklichen, in Ruhe herangewachsenen Tieren zu verwenden. Ebenso achtet er auf die Herkunft aller weiteren Zutaten: Lokal angebaut und gehandelt nutzt er die Zutaten, die zum jeweiligen Zeitpunkt auf den Märkten erhältlich sind. Es könnte zum Beispiel ein Rindercurry mit Limettenblättern und Jasminreis sein.
Petrská 1170/25, 110 00 Nové Město
Telefon +42 07 3959 2336
www.sansho.cz

NIGHTLIFE

Eine wunderschöne Weinbar mit Wohlfühlgarantie befindet sich in der Prager Altstadt. Der **Vinograf** ist der ideale Ort, um mährische Weine zu probieren und einzukaufen, begleitet von köstlichem

Käse und anderen Kleinigkeiten. Am Wochenende wird es hier schnell voll und eine Tischreservierung ist möglich.
23, Senovážné nám.
110 00 Praha, Telefon +42 02 1421 4681
www.vinograf.cz

INSIDER-TIPP SIGHTSEEING

Der bekannteste Friedhof der Stadt ist auch einer der stimmungsvollsten Orte Prags. Das liegt zum einen daran, dass sich nur weniger Touristen auf den **Vyšehrader Ehrenfriedhof** verirren, zum anderen an dem wunderbaren Ausblick, den man von hier aus auf Prag und die Moldau geboten bekommt. Dabei sollte man nicht vergessen, dass einige wichtige Persönlichkeiten der Stadt, unter ihnen zum Beispiel der Maler Alfons Mucha, hier begraben sind. Eine Interaktive Reise durch die Welt unserer Wahrnehmung kann man im **Museum der Sinne** unternehmen. Über 50 Exponate schärfen unsere Sinne, indem sie uns etwas „zum ersten Mal" ins Bewusstsein rücken, sei es über den Geruch, das Gehör, das Gefühl oder das Auge. Ein Erlebnis für die ganze Familie mit wunderbaren Gelegenheiten für einzigartige Erinnerungsfotos.
Jindřišská 939/20
110 00 Nové Město
www.muzeumsmyslu.cz

Wer die **Lucerna-Passage** betritt, begibt sich auf eine Zeitreise ins Prag der 1920er-Jahre. Unweit des Wenzelplatzes befindet sich die Einkaufspassage mit Kino, die sehr viel interessanter ist als es im ersten Moment scheint. Unter einer Glaskuppel hängt das beliebte Fotomotiv **Černýs Pferd**. Dabei sitzt Černýs Heiliger Wenzel jedoch auf dem Bauch statt auf dem Rücken des Tieres. In der ersten Etage befindet sich ein nostalgisches Café und erinnert mit seinem Zwanzigerjahre-Charme an die Goldenen Zeiten dieses Ortes.

Rom

Italiens Hauptstadt ist wohl eine der romantischsten Städte der Welt. Die Fusion aus Heiligkeit, alten Ruinen und innovativen Boutiquen, dem Vatikan und den hippen Einwohnern sorgt für einen einzigartigen Charme. Wo, wenn nicht hier, spürt man „la dolce vita“?

TIPPS FÜR DIE CITY

Public Transport: Das öffentliche Verkehrsnetz Roms ist vielfältig: Es gibt die Metro, Busse, Straßenbahnen, und die Stadtbahn namens *Ferrovie Urbane*. Dennoch ist es unkompliziert, den passenden Weg durch die Metropole zu finden. Wer mehr als eine Strecke fahren möchte, sollte sich ein Tages- oder Wochenticket zulegen. Mehr Infos unter www.rome.net

Fahrradvermietung: Easy Bike Rent Rome vermietet Trekking- und City-Fahrräder, E-Bikes, Lastenräder, Kinderräder, Mountainbikes und sogar Tandems. Noch ein wenig authentischer fühlt es sich an, mit einer Vespa durch die ewige Stadt zu cruisen. Auch hier stehen verschiedene Modelle zum Verleih.
Via dei Cerchi, 59, 00186 Rom
www.easybikerent.it

Skip the Line Tour: Mit einem persönlichen Guide kann man sich den Vatikan anschauen, ohne lange anzustehen. Einer dieser Guides ist beispielweise Francesca Romana und sie ist nicht nur wegen ihres Namens eine hervorragende Fremdenführerin. Seit mehreren Generationen lebt ihre Familie in Rom und Francesca könnte problemlos ein ganzes Buch über die Stadt schreiben, so umfangreich ist ihr Wissen, so verbunden ist sie mit der Geschichte Roms. Mehr Infos auf www.withlocals.com

CAMPING

Nahe am Zentrum Roms liegt das **Camping Village Flaminio** und doch befindet es sich im antiken Naturschutzgebiet Vejo, einer grünen Oase direkt am Stadtrand. Abseits vom Tourismusstrom Roms kann man es sich hier mit einem guten Frühstück in der Central Bar und ein paar Bahnen durch den Pool gutgehen lassen. Knapp über einen Kilometer sind es von hier aus zur Bushaltestelle, von dort aus fährt man etwa eine Stunde in die City.

» Pool
» Trinkwasserbrunnen

- » Toiletten & Duschen
- » Bar / Cafeteria
- » Kostenlose Schließfächer
- » Sanitäranlagen im Winter beheizt
- » Waschmaschinen & Trockner
- » Kinderbäder
- » Kostenloses WLAN
- » Entsorgung für Chemietoiletten
- » Hunde erlaubt

Via Flaminia Nuova, 821
00189 Rom, Telefon +39 0 6333 2604
www.villageflaminio.com

ESSEN

Budget: Bereits seit 2013 serviert das **Ops!** mitten in Roms Zentrum ein köstliches Buffet aus rein pflanzlichen Zutaten, überwiegend in Bio-Qualität. Mediterran inspirierte kalte und warme Speisen in kreativen Arrangements und viele Desserts laden zum Durchprobieren ein. Da das Konzept aufgeht und inzwischen sehr beliebt ist, kann eine Tischreservierung von Vorteil sein.
Via Bergamo, 56, 00198 Rom
Telefon +39 0 6841 1769
www.opsveg.com

Einer der besten Orte in Rom für eine Pizza ist **Seu Pizza Illuminati** . Das Geheimnis liegt in der Mischung: Der eher elastische Teig der typisch neapolitanischen Pizza in Kombination mit dem knusprigen Rand der typisch römischen Pizza hat Pier Daniele Seu mit seinem Restaurant innerhalb kürzester Zeit regelrechten Ruhm unter den Pizzakennern eingebracht. Wer am Tresen sitzt, hat einen guten Blick auf den Ofen und die Möglichkeit, den Meister bei der Arbeit zu beobachten. Egal ob am Tisch oder Tresen: Die Chancen auf einen Platz sind ohne Reservierung sehr schlecht.
Via Angelo Bargoni, 10–18
00153 Rom
Telefon +39 0 6588 3384
www.seu-pizza-illuminati.business.site

Vom Feinsten: Das **Felice a Testaccio** ist zwar modern eingerichtet, gekocht und serviert werden in dem Familienbetrieb aber dennoch traditionelle römische Gerichte wie zum Beispiel selbst hergestellte Ravioli und *Saltimbocca alla Romana*, was übersetzt „Spring in den Mund nach Art der Römer“ bedeutet. Es handelt sich dabei übrigens um Kalbsschnitzel. Dazu gibt es eine gute Auswahl hochwertiger Weine.
Via Mastro Giorgio, 29
00153 Rom
39 06 574 6800
www.feliceatestaccio.com

NIGHTLIFE

Eine beeindruckende Kulisse für den Abend oder die Nacht bietet die **Blackmarket Hall** im zentral gelegenen Bezirk Monti, einem der ältesten Viertel Roms. Früher ein Hotel, rühmt sich die Blackmarket Hall nun damit, führend in der Mixologie zu sein, also im Kreieren und Zubereiten neuer Cocktails. Begleitet werden die Drinks häufig von Live-Musik aller möglichen Stilrichtungen und auf Wunsch jederzeit von frisch zubereiteten Speisen.
Via de' Ciancaleoni, 31
00184 Roma, Telefon +39 34 9199 5295
www.blackmarkethall.com

INSIDER-TIPP SIGHTSEEING

Auf dem südlichsten der sieben Hügel Roms, dem Hügel Aventin, findet man den **Giardino Degli Aranci**. Der Name verrät es: In dem 1932 angelegten Park wachsen Orangenbäume. Ein Besuch lohnt sich aber vor allem wegen des schier unendlichen Ausblicks über die Stadt, der sich von hier aus bietet. Sollte es ein bisschen zu voll ein, lohnt es sich, in den nahegelegenen **Giardino Storico di Sant' Alessio** zu gehen. Der Park ist weniger bekannt, der Ausblick ebenso spektakulär. Am schönsten ist Rom hier oben im Sonnenuntergang.

San Lorenzo heißt Roms Studentenviertel unweit des Bahnhofs. Da viele Gebäude des Viertels im zweiten Weltkrieg zerstört wurden, kann es architektonisch nicht mit anderen Plätzen Roms mithalten, ist aber dennoch einen Besuch wert. Pizzerien, Cafés und kleine Boutiquen, viele davon in alten Industriegebäuden, laden zum Bummel abseits der Touristenpfade ein. Auf keinen Fall sollte man das beste Eis der Stadt verpassen. **Gelato San Lorenzo** verarbeitet ausschließlich natürliche Zutaten zu wahren Eis-Highlights, einige davon sind auch vegan.

Via Tiburtina, 6, 00185 Roma
www.gelatosanlorenzo.com

Live Swing und Jazz gibt es häufig im **Caffè Letterario** im Stadtteil Ostiense zu hören. Die hippe Fusion aus Buchladen, Co-Working-Space, Galerie, Café und Bar lädt zum Stöbern und Verweilen ein. Das Café ist Teil eines Projekts, dessen Ziel es ist, einen alten Schlachthof in die „Stadt der Künste" zu verwandeln.
Via Ostiense 95, 00154 Roma
www.caffeletterarioroma.it

Rotterdam

Rotterdam gilt seit einigen Jahren als eine der aufregendsten Städte Europas. Das lockt natürlich immer mehr Besucher in die Seehafenstadt. Kein Wunder, denn die Rotterdamer haben sich Innovation auf die Fahnen geschrieben und leben dieses Motto. Einzigartige Architektur, ein spritziges Nachtleben und jede Menge urbane Kunst lassen sich in der zweitgrößten Stadt der Niederlande auf einzigartige Weise erleben.

TIPPS FÜR DIE CITY

Public Transport: Per OV-Chipkarte fährt man in Rotterdam am bequemsten mit den öffentlichen Verkehrsmitteln durch die City. Egal ob Bus, Tram, Metro oder Fähre: Die Karte wird mit einem gewissen Betrag aufgeladen, dann checkt man bei jeder Fahrt ein und am Ende wieder aus. Der Fahrpreis wird automatisch vom Guthaben abgezogen. Kinder unter vier Jahren und Hunde reisen kostenfrei. Mehr Infos unter www.ret.nl

Fahrradvermietung: In ganz Rotterdam verteilt findet man Verleihstationen von **Donkey Republic**. Um eines der orangefarbenen Fahrräder zu mieten, lädt man sich einfach die App runter und sucht damit die nächste Station auf. Dort kann man dann mithilfe der App und Bluetooth das Fahrradschloss entriegeln und losradeln. Nach der Fahrt wieder eine beliebige Station ansteuern, abschließen und die Fahrt per App beenden. Wer sich das An- und Abschließen sparen möchte, kann auch für 1, 2, 3 oder 7 Tage das gleiche Fahrrad mieten. www.donkey.bike

Sightseeing und Workout in einem: Mit erfahrenen Läufern, allesamt gebürtige Rotterdamer, kann man mit **Rotterdam Sight Running Tour** eine Stunde durch die City laufen. Je nach Thema der Tour führt die Strecke entlang der sehenswertesten Highlights. Zeit für Fotos wird bleibt auch – dann geht es weiter. Auch private Touren mit Streckenwünschen sind möglich. www.rotterdamsightrunningtours.com

CAMPING

Wer nachts die Löwen hört, darf sich nicht wundern: **Stadscamping Rotterdam** liegt nur einen Steinwurf entfernt vom Zoo Rotterdam. Ein einfacher Campingplatz mit Stellplätzen für Wohnwagen, Zelte und Wohnmobile. Das Imbiss-Restaurant ist bei ausreichender Besucherzahl geöffnet. Zehn Minuten dauert die Fahrt in die City, egal ob mit dem Fahrrad oder mit dem Bus. Wer gerne läuft, erreicht das Zentrum in einer halben Stunde.

Ausstattung:

» Verkauf von Tee und Kaffee
» Imbiss-Restaurant

» Toiletten
» Duschen
» Waschmaschinen
» Ladestation für Elektrogeräte
» Kostenloses WLAN
» Hunde nicht erlaubt

Wissenswert: Rotterdam ist Umweltzone. Ältere Fahrzeuge müssen daher die Anfahrt über Kleinpolderplein nehmen.
Kanaalweg 84, 3041 JE Rotterdam
Telefon +31 1 0415 3440
www.stadscamping-rotterdam.nl

ESSEN

Budget: Mitten im Zentrum befindet sich eine der innovativsten Low Waste Food Bars der Welt. Das **Aloha** hat sich, neben der Verpflegung seiner Gäste mit großar-

HIGHLIGHT

tigen Speisen, das Ziel gesetzt, so wenig Müll wie möglich zu produzieren – und arbeitet konsequent daran: Ein eigenes Bienenvolk produziert den Honig, Pilze wachsen im Keller auf altem Kaffeesatz und das restliche Gemüse wird auch selbst angebaut. Wer jetzt einen schmuddeligen Ökoladen erwartet wird enttäuscht: Kuschelig und hip ist es im Aloha, die große Terrasse gewährt einen wunderbaren Ausblick auf die Nieuwe Maas.
Maasboulevard 102
3063 NS Rotterdam
Telefon +31 1 0210 8170
www.alohabar.nl

Wer guten Kaffee mag, wird **Man met Bril** lieben! Die erste Kaffeerösterei Rotterdams liegt in einem Viadukt im Norden des Hauptbahnhofes. Die Bohnen für den Kaffee bezieht man direkt und fast ausschließlich in Bio-Qualität. Was passt besser dazu als Frühstück, das den ganzen Tag lang serviert wird? Kuchen, Croissants und Sandwiches. Kein Wunsch bleibt unerfüllt. Wer noch ein paar Geschenke für daheimgebliebene Koffein-Fans sucht, wird sicher auch fündig: Von Bohnen bis zu Mühlen wird das passende Zubehör für den perfekten Kaffeegenuss verkauft.
Vijverhofstraat 70, 3032SN Rotterdam
Telefon +31 1 0307 2855
www.manmetbrilkoffie.nl

Vom Feinsten: Seit seiner frühen Kindheit ist François Geurds fasziniert von der Zubereitung exzellenter Speisen. So hat er es sich zur Lebensaufgabe gemacht mit seinen Gerichten in der obersten Liga mitzumischen. Zwei Michelin-Sterne hat sein

Restaurant **FG** bisher dafür erhalten. In seinem Restaurant überrascht er Gäste immer wieder aufs Neue mit perfekt zusammengestellten Geschmackskompositionen und in einer entspannten Atmosphäre. Dabei bringt das Team laut eigener Aussage positive Energie mit an den Tisch. Mit anderen Worten: Fabulous Gastronomy. Auf Anfrage können auch Vegetarier ein Menü genießen.
Katshoek 37b, 3032 AE Rotterdam
Telefon +31 1 0425 0520
www.fgrestaurant.nl

NIGHTLIFE

Biergarten ist ein Biergarten mitten in Rotterdam. Ein Labyrinth sonnengebleichter Tische und Bänke, kunterbunt bemalte Stufen und tiefhängende Girlanden locken nicht nur durstige Touristen an. Die Einheimischen wissen die guten

Burger, die typischen Bitterballen (frittierte Fleischkroketten, auch in vegetarischer Variante erhältlich) und das kalte Bier zu schätzen, sodass an Sommerabenden eine ausgelassene Stimmung herrscht, die zum Mitfeiern einlädt.
Schiestraat 18, 3013 BR Rotterdam
Telefon +31 1 0233 0556
biergartenrotterdam.nl

INSIDER-TIPP SIGHTSEEING

„Cretopia Rotterdam ist eine schöne und lustige Stadt!" so der Slogan der gleichnamigen Stiftung die Straßenkunst und andere Projekte der urbanen Gestaltung unterstützt. Bei einem Rundgang durch die City hat man immer die Chance, einem Teil davon zu begegnen. Um auf jeden Fall einen Geschmack für **Cretopia Rotterdam** zu bekommen, sollte man sich auf den Weg in die West-Kruiskade machen. Das **Toko51** ist der Ort, an dem das Projekt Veranstaltungen und Performances organisiert.
West Kruiskade 51, 3014 AL Rotterdam
Telefon +31 6 8359 6809
www.cretopia-rotterdam.nl

Konsum ja – aber bewusst! In **De Groene Passage** vertreiben kleine Händler nachhaltige Produkte. Dass das zusammen unter einem Dach besser geht als im Einzelhandel inmitten der großen Kaufhausketten, beweist die Passage als erstes und (bisher) einziges nachhaltiges Einkaufszentrum in Europa. Vom Handtuch über Kosmetik bis zum Kunstobjekt und Lebensmitteln findet man hier viele innovative Produkte, die allesamt gut für unseren Planeten sind. Und wer hungrig wird kann einfach umgehend in einem der netten Cafés einkehren.
Mariniersweg 9, 3011 NB Rotterdam
http://degroenepassage.nl

Das **Nederlands Foto Museum** stellt eine Sammlung von über fünf Millionen Fotos aus. In den Räumen der zweiten Etage finden wechselnde Ausstellungen mit Fotos verblüffender Herkunft statt. In den Galerien des Erdgeschosses kann man Ausstellungen großer niederländischer und internationaler Fotografen sehen. Dabei stehen manche Fotografien zum Verkauf. Die große Dunkelkammer im Untergeschoss nimmt die Besucher mit auf eine Zeitreise durch die Geschichte der Fotografie und vermittelt neben einem tollen Erlebnis auch noch allerhand Wissenswertes.

Wilhelminakade 332
Gebäude Las Palmas
Rotterdam
www.nederlandsfotomuseum.nl

Salzburg

Salzburg ist barock! Läuft man durch die Stadt, dann kann man sich hervorragend vorstellen, wie dieselben Gebäude auf Mozart wirkten, als er vor 250 Jahren auf die dieselben Passagen blickte und dieselben Wege entlang ging. Belebt wird das alles von der Salzach, die in schnellem Tempo durch die Stadt fließt, und natürlich von der lebendigen Kunst- und Musikszene.

TIPPS FÜR DIE CITY

Public Transport: Elektrische Oberbusleitungen und herkömmliche Busse bilden in Salzburg ein gutes flächendeckendes Verkehrsnetz, sogar Nachtbusse sind im Einsatz. Unkompliziert und innovativ. Mehr Infos unter www.salzburg-ag.at

Fahrradvermietung: Auch Salzburg hat ein Stadtrad-System, das mit seiner Einfachheit und seinen äußerst günstigen Gebühren überzeugt. Einmal registriert kann man mit den Rädern von **Bike Rental City** Bike die erste Stunde kostenlos fahren, die zweite Stunde kostet lediglich einen Euro.
Hanuschplatz/
Marko-Feingold-Steg
5020 Salzburg
www.citybikesalzburg.at

Die Sehenswürdigkeiten der Salzburger Innenstadt und ihre Atmosphäre kann man auch mit einer **Segway I Mountain Tour** erkunden und erleben. Nach einer zehnminütigen Einweisung geht es mit einem erfahrenen Guide auf in City, wo man lässig den Hausberg hinaufgleiten kann. Das Mindestalter für die Segway-Touren beträgt 12 Jahre.
Wolf-Dietrich-Str. 3
5020 Salzburg
Telefon +43 676 674 4425
www.segway-salzburg.at

CAMPING

„Die grüne Oase in der Mozartstadt" nennt sich der Campingplatz **Camping Nord-Sam** und zu Recht. Gerade einmal knappe drei Kilometer vom Stadtzentrum entfernt kann man hier geschützt zwischen Bäumen und Sträuchern sein Lager aufschlagen und sogar noch eine Runde im Pool schwimmen. Wer mal eine Pause vom Städtetrip braucht, macht es sich einfach auf einer der Sonnenliegen bequem.

» Brötchenservice & Kaffee- und Teeverkauf
» Frühstück
» Toiletten & Duschen
» Waschmaschinen & Trockner
» Baby-Wickeltisch
» Fahrradverleih
» Pool
» kostenloses WLAN
» Entsorgung für Chemietoiletten

Samstraße 22a
5023 Salzburg
Telefon +43 662 660 494
www.camping-nord-sam.com

ESSEN

Budget: Mit dem Motto „Du bist, was du isst", einer hervorragenden Speisekarte und seiner Bio-Qualität feiert das **Humboldt** einen großen Erfolg. Die Atmosphäre ist

alpine chic und cool, aber dennoch gemütlich und freundlich. Das Essen, egal ob Mittagstisch oder Abendkarte, verspricht ein regelrechtes Fest für die Sinne.
Gstättengasse 4, 5020 Salzburg
Telefon +43 6 6284 3171
www.humboldtstubn.at

Restaurant, Feinkost, Vinothek: Das alles vereint das **Magazin** unter seinem Dach. Hier bekommt jeder Gast, was er begehrt – egal ob Cocktail oder Wein, ob Happen oder mehrgängiges Menu. Die Inneneinrichtung und Architektur (man sitzt neben einer Panoramaglasscheibe mit Blick auf alte Mauern in unmittelbarer Nähe) macht den Besuch hier so angenehm, dass aus einem anfänglichen Glas Wein gut eine Verkostung und aus einem Happen sehr viele, ja ein mehrgängiges Menu, werden können.
Augustinergasse 13, 5020 Salzburg
Telefon +43 6 6284 1584
www.magazin.co.at

Vom Feinsten: Unter einer neu geschaffenen Glaskuppel liegt das Gourmet-Restaurant **The Glass Garden**. Mit einem Michelin-Stern ausgezeichnet, verspricht es außergewöhnliche Genussmomente und hält sein Wort – ob japanisch inspiriert, wie der Hamachi mit Meeresfrüchten und Dashi, oder eher traditionell, wie das Mais-Stubenküken mit Pilzen, Dotter und Trüffeln.
Mönchsberg Park 26, 5020 Salzburg
Telefon +43 66 2848 5550
www.monchstein.at/de/location/the-glass-garden/

NIGHTLIFE

Seit 120 Jahren kann man hier ein gutes Weißbier trinken. Sei es in dem höhlenartigen Schankraum oder im schattigen Biergarten, **Die Weisse** hat sich in den letzten Jahrzehnten bewiesen und hängt doch in keiner Weise dem Zeitgeist hinterher. Wenn DJs auflegen und das Salzburger Partyvolk in Lederhosen und Dirndln zum Feiern kommt, weiß man, warum.
Rupertgasse 10, 5020 Salzburg
www.dieweisse.at

INSIDER-TIPP SIGHTSEEING

Wer den Menschenmassen in Salzburgs beliebter Innenstadt entgehen möchte, kann von der Steingasse aus die **Imbergstiege** als Zugang zum **Kapuzinerberg** nehmen. Schnell hat man den Trubel hier hinter sich gelassen, kann entspannt laufen und sich auf den Bänken mit einem herrlichen Ausblick erholen. Wer den 636 Meter hohen Stadtberg weiter erkundet, kann auch hier gelegentlich ruhige Stellen und phantastische Aussichten entdecken.

Die **Edelweiss Kochschule** lädt dazu ein, die Ärmel hochzukrempeln, und verrät in ihren Kochkursen die Zubereitung typisch österreichischer Rezepte. Bei „Apfelstrudel und Salzburger Nockerl" dreht sich alles, der Name verrät es, um die zwei beliebten Desserts. Doch auch Brezel und Knödel (auch in vegetarischer Variante) lassen sich gemeinsam mit viel Spaß und Raffinesse erschaffen.

HIGH-LIGHT

Besonders schön: Auch Kinder ab fünf Jahren können bereits mitmachen.
Ursulinenplatz 9, 5020 Salzburg
Telefon +43 650 4616 142
www.edelweiss-cooking.com

Einen Bummel wert ist auf jeden Fall das **Andräviertel** mit der gleichnamigen Kirche. Auf dem Platz rund um die **Andräkirche** findet donnerstags vormittags ein großartiger traditioneller Wochenmarkt statt – einer der größten Wochenmärkte Österreichs. Danach lädt die **Franz-Josef-Straße** mit ihren vielen Cafés und Restaurants zum Einkehren ein.

Stockholm

Die Stockholmer nennen ihr Zuhause die „Schönheit auf dem Wasser“. 14 Inseln bilden die Hauptstadt Schwedens, rund ein Drittel der Stadtfläche ist Wasser. Trotz seiner gut erhaltenen Altstadt brummt die Hauptstadt Schwedens vor Dynamik und Kreativität.

TIPPS FÜR DIE CITY

Bezahlen: Die Währung in Schweden sind Schwedische Kronen. 1 SEK entspricht etwa 0,10 Euro.

Public Transport: Stockholm verfügt über ein sehr gutes Netz aus Bussen, Bahnen und Fähren. Fahrkarten sind pro Fahrt oder auch für 24 Stunden, bzw. drei oder sieben Tage erhältlich. Informationen unter: http://sl.se/en/in-english/fares--tickets/visitor-tickets/travelcards/

Fahrradvermietung: Der urige und gleichzeitig hippe Fahrradladen **Gamla Stans Cykel** in der Altstadt vermietet nicht nur Fahrräder, sondern lädt auch zum Stöbern und Staunen ein.
Lilla Nygatan 10, 111 28 Stockholm
www.gamlastanscykel.se

Selbstverständlich gibt es ausreichend viele und extrem gute Fotogelegenheiten während der zweistündigen **Stockholm Instagram Tour**. Begleitet und geführt von einer Instagram-Influencerin ergeben sich ideale Möglichkeiten für coole feeds.
www.toursofstockholm.com/tour/the-stockholm-instagram-tour/

CAMPING

First Camp: Knapp 16 Kilometer vom Stadtzentrum entfernt stellt sich skandinavische Campingidylle ein. Mitten in einem Wäldchen, mit Nähe zum See, gibt es Parzellen für Zelte, Wohnmobile und modernen Bungalows. Zur Ausstattung gehören eine Gemeinschaftslounge, kostenloses WLAN, ein Kinderspielplatz und ein kostenfreier Privatparkplatz. Etwa 250 Meter läuft man bis zur Bushaltestelle, von dort aus fahren Busse ins Stockholmer Zentrum.

Ausstattung:
» Neue Sanitäranlagen
» Toiletten & Duschen
» Waschmaschine & Trockner
» Mikrowelle
» Backofen
» Minimarkt vor Ort
» Hunde willkommen
» Grillen erlaubt

Gesprochene Sprachen:
Schwedisch, Englisch
Keine Barzahlung

Flatens skogsväg 30, 128 30 Skarpnäck
Telefon +46 8 773 0100
http://en.firstcamp.se/destination/city-stockholm

ESSEN

Budget: Unter dem Motto „give peas a chance" bietet bietet das **Hermans** ein umfangreiches veganes Buffet als Mittagstisch an. Frische Salate, Lasagne,

Currys, hausgebackenes Brot und Dips gehören ebenso dazu, wie Kaffee und Tee.
Fjällgatan 23B, 116 28 Stockholm
http://hermans.se

Meatballs for the people serviert ausschließlich Köttbullar in Bioqualität. Wer das typisch schwedische Geschmackserlebnis sucht, kann neben Rind und Schwein auch Fleischbällchen aus Elch, Bär, Rentier und Wildschwein bestellen. Dazu gibt es Biere von ausgesuchten schwedischen Micro-Brauereien mit Namen wie Sleepy Bulldog und Pistonhead.
Nytorgsgatan 30, 116 40 Stockholm
http://meatball.se

Vom Feinsten: In der Gamla Stan, der Stockholmer Altstadt, verwöhnt das **Kryp In** seine Gäste mit einer Fusion aus schwedischer Traditionsküche und Kreativität. Lachscarpaccio, Muränenkaviar oder Rentiersteak, serviert in einem

schlichten und dabei gemütlichen Ambiente, sorgen nicht nur für einen zufriedenen Bauch, sondern auch für die Seele.
Prästgatan 17, 111 29 Stockholm
http://restaurangkrypin.se

NIGHTLIFE

Stockholm Under Stjärnorna, Stockholm unter den Sternen oder kurz **SUS**, ist eine der angesagtesten Bars der City. Wer hier seinen Cocktail schlürft, tut das 30 Meter über der Innenstadt. Mehrere Bars, Streetfood-Stände und tägliche Veranstaltungen wie Live-Musik, DJ-Specials, Filmprojektionen und sogar ein Radiosender tummeln sich auf dem Platz der 1.200 qm großen Rooftop-Bar, die wie ein Park anmutet. Es gilt das Motto „first come, first serve" – Tischreservierungen sind nicht möglich, daher sollte man nicht zu spät auftauchen.
Brunkebergstorg 2–4, 111 51 Stockholm
www.sthlmunderstjarnorna.com

INSIDER-TIPP SIGHTSEEING

Artipelag: Kunst, Kultur und nordische Natur fusionieren in den Stockholmer Schären zum Artipelag. Verschiedene Kunstausstellungen mit wechselnden Künstlern, entzückende Wanderwege, Bars und Restaurants lassen den Alltag verblassen. Das Gelände ist dem Artipelagbus in 30 Minuten erreichbar. Noch schöner wird der Ausflug allerdings, wenn man mit der Fähre durch die Schären anreist und dabei Kaffee und Kuchen verzehrt. Die Fahrt dauert 1,5 Stunden und ist mit dem Stockholm Pass kostenlos. http://artipelag.se

HIGH-LIGHT

Skinnarviksberget: Um die schönste Aussicht über Stockholm zu genießen, lohnt sich der Weg auf den Skinnarviksberget. Am besten zum Sonnenuntergang mit einer Picknickdecke, Snacks und einer guten Flasche Wein. Wer rechtzeitig kommt, kann sich einen der schönsten Plätze auf den Felsen sichern und von hier aus die besten Fotos der Stadt ergattern.

CHOKLADKOPPEN

Toulouse

Toulouse sei wie Paris, so sagt man, nur südlicher, kleiner, günstiger und freundlicher, weniger überlaufen und wärmer. Ein Wunder, dass es bei so vielen Vorzügen noch so behaglich ist in „La Ville Rose“, der rosafarbenen Stadt. Den Spitznamen verdankt Toulouse übrigens den außergewöhnlichen, roten Ziegelsteinen, aus denen zahlreiche Gebäude gebaut sind.

TIPPS FÜR DIE CITY

Public Transport: Das Verkehrsnetz des öffentlichen Nahverkehrs in Frankreichs viertgrößter Stadt ist zwar gut ausgestattet, es gibt aber nächtliche Pausen. Einige Bahnen fahren nach 0:30 Uhr nicht mehr, viele Buslinien werden zu Nachtbussen. Wann man auf welchem Wege wohin kommt und welche Angebote es vom Single Ticket über eine Zehnerkarte bis zum Gruppenticket gibt, erfährt man auf www.tisseo.fr

Fahrradvermietung: 2018 hatten Vater Alain und Tochter Hélène die Idee, einen Fahrradverleih zu schaffen, der einfach funktioniert und für jeden nutzbar ist. Fahrräder aus französischer Herstellung (Mountain Bike, Touring Bike und E-Bike) mit unplattbaren Reifen und Accessoires, wie zum Beispiel einen Fahrrad-Tandem-Anhänger für Kinder, vermietet **Paulette Bike Rental**. Abholen kann man die Fahrräder im Laden direkt am Canal du Midi.
58 Bd des Minimes, 31200 Toulouse
Telefon +33 5 8228 0510
www.paulette.bike

Wer kann, der sollte es nicht verpassen, **Toulouse zu Fuß** zu erkunden. Die Stadt hat ein kleines, kompaktes Zentrum und es lohnt sich, es im Schritttempo zu erwandern und kennenzulernen. Die Altstadt-Atmosphäre, edle Plätze und belebte Flohmärkte machen das Bild komplett. Nicht zu vergessen die zahlreichen Cafés und Bistros, die sich bestens eignen, um den Füßen eine Pause zu gönnen.

CAMPING

ehr zentral gelegen, ganzjährig geöffnet und einfach praktisch ist das **Camping De La Bouriette** in Innenstadtnähe. Er bietet Stellplätze im Grünen für Zelte, Wohnwagen und Wohnmobile mit Wasser- und Stromanschluss. Zusammengefasst könnte man auch sagen: unaufgeregt und ohne viele Extras, aber sauber und freundlich. Nach lediglich 350 Metern Fußweg ist man an der nächsten Bushaltestelle, von dort aus fährt man etwa 20 Minuten bis ins Zentrum.

» Toiletten & Duschen
» Waschmaschinen
» Waschräume für Babys
» Barrierefreie Sanitäranlagen

» Entsorgung für Chemietoiletten
» WLAN gegen Gebühr
» Spielplatz

Gesprochene Sprachen:
Französisch, Englisch
199 Che de Tournefeuille
31300 Toulouse
Telefon +33 5 6149 6446
www.camping-la-bouriette-toulouse.fr/photos

ESSEN

Budget: Hunger auf Bohnen? Dann ist **La Faim des Haricots** laut Übersetzung das passende Restaurant, denn der Name bedeutet genau das: Hunger auf Bohnen. Zwischen zahlreichen Restaurants mit fleischlastigen Speisekarten hat sich das vegetarische Buffet-Restaurant mit seinen vielen veganen Optionen so bewährt, dass es inzwischen an drei Standtorten vertreten ist.
2bis Rue du Puits Vert, 31000 Toulouse
www.lafaimdesharicots.fr

Wer guten Kaffee wie guten Wein betrachtet, darf sich einen Besuch im **Café Cerise** nicht entgehen lassen. Hier legt man großen Wert auf den Jahrgang der Bohnen sowie auf Transparenz bei Anbau und Handel. Geröstet werden sie natürlich vor Ort. Für alle anderen ist der Salon de Café ein toller Ort im Industrie-Schick für einen ausgiebigen Brunch, köstliche Kuchen oder andere leckere Snacks.
4 Quai de la Daurade
31000 Toulouse, Telefon +33 5 8160 6691
www.lecafecerise.fr

Vom Feinsten: Ein wahrgewordener Traum einer Gruppe von Freunden ist das **Ma biche sur le Toit** (was übersetzt „mein Reh auf dem Dach" bedeutet). Mit seiner riesigen Dachterrasse auf dem Dach der **Galeries Lafayette** ermöglicht es einen der spektakulärsten Blicke auf die Stadt, denn je nach Tageszeit verändert sich mit dem Licht auch der

Farbschein der roten Ziegel. Fischgerichte der Extraklasse und edel angerichtete Burger kann man zusammen mit dem stylischen Ambiente voll auskosten.
4–8 Rue du Lieutenant
Colonel Pélissier
31000 Toulouse
Telefon +33 5 3161 5619
www.mabichesurletoit.com

NIGHTLIFE

Wer sich schon immer mal in eine Speakeasy-Bar gewünscht hat, um dort heimlich der Prohibition zu entkommen und einen „verbotenen" Cocktail zu schlürfen, der kann dieses Erlebnis in der **Fat Cat Cocktail Bar** nachstellen. Die Drinks sind einen Hauch besser als gewöhnliche Cocktails und die Gäste oft ein bisschen schicker als andere Partygänger. Ein besonderes Erlebnis im goldenen Licht vergangener Jahrzehnte ist garantiert.
4 Rue Charles de Rémusat
31000 Toulouse

INSIDER-TIPP SIGHTSEEING

So abgedroschen der Ausdruck „Leben wie Gott in Frankreich" auch sein mag, auf dem **Marché Victor Hugo** ist es schwer, ihn aus den Gedanken zu verbannen. Wenn Käsehändler ihre neuesten Kreationen anbieten und Baguettes und andere Backkunst ihren köstlichen Duft verströmen, wird wieder einmal bewusst, dass die Franzosen wissen, wie man es sich gutgehen lässt. Der ideale Ort, um direkt zu schlemmen oder für ein Picknick einzukaufen.
Place Victor Hugo, 31000 Toulouse
www.marche-victor-hugo.fr

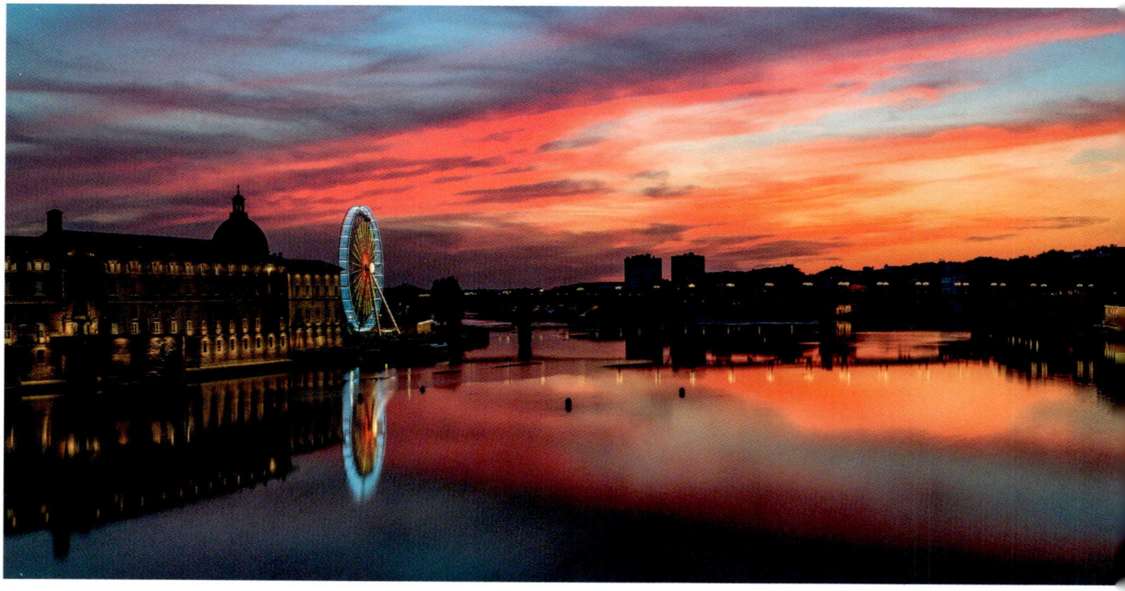

Jardin des Plantes: Dieser 200 Jahre alte Garten ist genau der richtige Ort, um sich nach einer Tour durch Toulouse ein bisschen frische Luft um die Nase wehen zu lassen. Über sieben Hektar erstreckt sich das Parkgelände, auf dem es überall wunderbare Skulpturen zu entdecken gibt. Zahlreiche Göttinnen, wie die griechische Atalante und die römische Diana, sind darunter. Begonnen hat die Geschichte des Parks bereits 1830 mit einem botanischen Garten, der noch immer vorhanden ist. Ein kurzer Spaziergang vom Place St. Jacques führt über die Allée Frédéric Mistral zum Eingang.
2 Rue Lamarck, 31400 Toulouse

Toulouse wird seit jeher von seiner Lage an der Garonne geprägt. Früher diente der Fluss den Menschen als Nahrungsquelle und verhalf ihnen auf diese Weise zu Reichtum. Die Garonne fließt mitten durch das Toulouser Stadtzentrum und ist das pulsierende Herz im Alltag seiner Bewohner. Die schönste Art, den Fluss zu erkunden, ist eine **Bootsfahrt auf der Garonne**. Wer möchte, kann das Ganze mit einem Vier-Gänge-Menü an Bord verbinden.
Weitere Infos unter
www.bateaux-toulousains.com
www.toulouse-croisieres.com/fr/

Wien

Barocke Häuserzeilen, monumentale Bauwerke und ein kaum vergleichbares künstlerisches und intellektuelles Erbe — geprägt durch Bewohner wie Mozart, Beethoven und Freud. Die traditionelle Kaffeehaustradition, quirlige Cafés, Bars und Restaurants und die Designszene Wiens sorgen für das Wohlergehen aller, für die Genuss ganz oben steht.

TIPPS FÜR DIE CITY

Public Transport: Wien mit öffentlichen Verkehrsmitteln zu erkunden, das ist kein Problem. Zahlreiche U- und Straßenbahnen sowie Busse bringen ihre Fahrgäste unkompliziert an jedes Ziel. Da eine Einzelfahrt bereits 2,40 Euro kostet, lohnt sich ein Tagesticket schon bei wenigen kurzen Strecken. Mehr Infos unter www.wienerlinien.at

Fahrradvermietung: Perfekt gewartete Trekking- und E-Räder inklusive Helm, Schloss, Karte und Korb (mit Vorbestellung) vermietet **Velopold Vienna** seit 2019. Kindersitze, Fahrradanhänger und einer Lieferung der Mieträder können gegen Aufpreis gebucht werden. Die Mietdauer kann variieren: Von einer Stunde bis zu einer Woche ist eine Menge möglich.
Wohlmutstraße 26/1, 1020 Wien
Telefon +43 66 0119 0120
www.velopoldvienna.com

Unweit der Wiener Innenstadt kann man sich auf der alten Donau treiben lassen – und das im wahrsten Sinne des Wortes! **Meine Insel** vermietet innovative Boote für eine entspannte Fahrt mit vier bis acht Personen. Es gibt das wie ein gefaltetes Papierboot anmutende Paperboat, ein Sofaboot, ein Inselboot und das Unicorn-Boot für alle Einhornfans. Jede dieser Bootstouren ist definitiv ein Foto wert und wird auch sonst nicht so schnell vergessen.
Laberlweg 19, 1220 Wien
Telefon +43 68 0553 4955
www.meine-insel.at

CAMPING

Camping im Grünen und doch innenstadtnah, das bietet **Camping Wien Neue Donau**. Vis-à-vis zum Prater liegt der Platz. Mit seiner direkten Zufahrt vom Donauradweg ist er hervorragend an das Wiener Fahrradnetz angebunden, nur neun Kilometer radelt man bis zum Zentrum. Mit der U-Bahn kann man innerhalb einer halben Stunde den Stephansplatz und weiteren Sehenswürdigkeiten erreichen.

» Imbiss-Restaurant
» Brötchenservice
» Toiletten & Duschen
» Waschmaschinen & Trockner
» Barrierefreie Einrichtungen
» Mini-Markt
» Fahrradverleih

- Spielplatz
- Entsorgung für Chemietoiletten
- Hunde willkommen

Campingplatz O, 1220 Wien,
Telefon +31 1202 4010
www.campingwien.at/camping-wien-neue-donau

ESSEN

Budget: „Saisonal inspiriert, nachhaltig produziert." So lautet der Slogan der **Kochdame**, Köchin und Restaurantname in einem. Das Slow-Food-Restaurant verwöhnt seine Gäste mit einem vegan-vegetarischen Verwöhnprogramm, viele Zutaten davon aus den Gärten von Freunden und Fans. Pasta mit frischem Basilikumpesto und Tomaten zum Beispiel. Und natürlich wird alles mit größtmöglicher Liebe zubereitet.
Wiedner Hauptstraße 37, 1040 Wien
Telefon +43 66 0862 9001

Thailändisches Essen, so wie man es als Thailänder in Europa vermisst, das verspricht die Besitzerin von **Mamamon Thai Kitchen**, und heizt damit der kulinarischen Szene Wiens ganz schön ein. Im Stil einer thailändischen Straßenküche, mit eindrucksvollem Indie-Soundtrack und Thai-Milch-Eistee kann man sich zum Beispiel den *Yum Woon Sen Superspicy*, einen Glasnudelsalat mit Erdnüssen und Shrimps, schmecken lassen.
Albertgasse 15, 1080 Wien
Telefon +43 66 0112 4244
www.mamamonthaikitchen.com

Vom Feinsten: Gegründet wurde das Restaurant **Zum schwarzen Kameel** in der Bognergasse bereits 1618. Ob das Lokal schon seit 400 Jahren so beliebt

ist wie im vergangenen Jahrzehnt, ist unklar. Heutzutage ist es auf jeden Fall ein populärer Treffpunkt für Liebhaber der Wiener Küche, traditionell mit einem innovativen Twist. Ein täglich wechselnder Mittagstisch wird auch angeboten.
Bognergasse 5, 1010 Wien
Telefon +43 1533 8125
www.kameel.at

NIGHTLIFE

Das **Clash** ist eine entspannte Bar im Wohnzimmerlook mit gutem Bier und weltoffenen Gästen. Das wichtigste ist aber die Musik. An welchen Tagen Folk oder Indie gespielt wird, und wann die österreichischen Bands oder Black Music an der Reihe ist kann man ebenso auf der Website nachschauen wie den Termin für das nächste Live-Konzert. Für Letzteres sollte man einen Tisch reservieren.
Fluchtgasse 9, 1090 Wien
Telefon +43 1922 4830
www.clash.at

INSIDER-TIPP SIGHTSEEING

Eine **Fiakerfahrt durch Wien** lässt erahnen, wie es sich schon vor über zweihundert Jahren angefühlt haben muss, in einer der nummerierten und lizensierten Pferdekutschen durch die österreichische Hauptstadt zu fahren. Zweifellos ist eine Tour durch die Innenstadt ein unvergleichliches Erlebnis. Der Begriff Fiaker hat seinen

Ursprung übrigens im französischen Wort für Pferdedroschke: *Fiacre*. Seit rund drei Jahrzehnten gibt es auch Kutscherinnen.

In der **Burggasse 24** befindet sich der gleichnamige Second-Hand-Laden. Minimalistisch und stylisch, spezialisiert auf sorgfältig ausgewählte Premium-Kleidung und das Label „House of Sunny", dessen Kleidung aus recycelten Stoffen produziert wird. Die Intention dahinter: Die Modeindustrie zu verlangsamen und Nachhaltigkeit zu fördern. Wer sich angesprochen fühlt, kann im integrierten Wohnzimmercafé auch gleich ein gutes Frühstück oder ein kühlendes oder wärmendes Getränk dazu bekommen.
Burggasse 24/8, 1070 Wien
www.burggasse24.com

Einmal um die ganze Welt kann man im **Globenmuseum** der österreichischen Nationalbibliothek reisen – zumindest in Gedanken und auf den zahlreichen Exponaten. Dabei erfährt man allerhand interessante Hintergründe über die Geschichte der Weltkugeln, ihre Herstellung sowie zu kulturgeschichtlichen Fragen. Alle ausgestellten Globen und ihre artverwandten Instrumente, wie zum Beispiel Armillarsphären, Lunarien und Planetarien, sind aus der Zeit vor 1850.
Palais Mollard
Herrengasse 9
1010 Wien
www.onb.ac.at/museen/globenmuseum

Zürich

Die unvergleichliche Lage am Züricher See, umgeben von malerischen Bergen, und eine lebendige Kulturszene verleihen Zürich den Ruf, eine der begehrtesten Städte Europas zu sein. Egal ob Architektur, Design oder Gastronomie: Hier fusionieren Tradition und Innovation zu einem zwanglosen Lebensgefühl, das seinesgleichen sucht.

TIPPS FÜR DIE CITY

Bezahlen: In der Schweiz zahlt man mit Schweizer Franken. 1 CHF entspricht etwa 0,93 Euro.

Public Transport: Das öffentliche Verkehrsnetz in Zürich ist sehr gut ausgebaut. Züge, Straßenbahnen und Busse bringen die Fahrgäste zuverlässig an fast jedes Ziel innerhalb der Stadt. Wer mit seinem vierbeinigen Freund unterwegs, ist sollte beachten, dass man hier für Hunde mit über 30 cm Höhe ein Tagesticket lösen muss. Mehr Infos zu allen Tarifen unter www.zvv.de

Fahrradvermietung: Unter dem Motto **Züri rollt** verleiht die Stadt Zürich kostenlos Fahrräder. Lediglich den Ausweis muss man vorzeigen und 20 CHF Pfand hinterlassen. Ganzjährig ist die Verleihstation am Europaplatz in unmittelbarer Nähe des Hauptbahnhofes geöffnet, und das von 8 bis 21:30 Uhr. Zwei weitere Stationen verleihen Velos während der Sommermonate. Eine Reservierung ist auch möglich und kostet 10 CHF. www.stadt-zuerich.ch/aoz/de/index/shop/veloverleih.html

Die süßeste Erlebnistour durch Zürich verspricht eine **Xocotour Suisse**. Eine Runde durch Zürichs Altstadt führt zu den schokoladigsten Ecken der Stadt: zu kleinen Chocolatiers, traditionsreichen Konditoreien und vielen süßen Überraschungen. Bei der anschließenden Degustation lernen die Teilnehmer, worauf es bei guter Schokolade ankommt, und begegnen einer Vielfalt von Aromen und neuen Geschmackserlebnissen. www.xocotour.ch

CAMPING

Fischer's Fritz liegt am Seeufer des Züricher Sees und hat allein dadurch schon so einiges zu bieten: Frischer Fisch im Restaurant oder im platzeigenen Laden, einen mit Liegestühlen bestückten Strand und sogar eine Wakeboard-Academy. Ein weiterer Vorteil: Innerhalb von zwanzig Minuten ist man mit der Straßenbahn im Zentrum Zürichs.

- Restaurant
- Toiletten & Duschen
- Waschmaschinen
- Minimarkt mit lokalen Spezialitäten
- Bootsanlegeplatz WLAN
- Grillstelle
- Hunde willkommen

Seestrasse 559
8038 Zürich
Telefon +41 4 4482 1612
www.fischers-fritz.ch

ESSEN

Budget: Küche aus Sri Lanka, das bedeutet viel Gemüse (aber auch Fleisch) und exotische Gewürze und Saucen in köstlichen Kombinationen. Da gibt es zum Beispiel *Iddyappam*, ein sehr beliebtes Gericht aus Reisnudeln mit vier verschiedenen Gemüsesorten und Curry, oder Lamm-Curry mit geriebener Kokosnuss. Das alles servieren die Köche von **Friends Corner** täglich mit einer umwerfenden Herzlichkeit.
Josefstrasse 146, 8005 Zürich
Telefon +41 4 3818 2204
www.friendscorner.ch

Ein tolles Gastroerlebnis erwartet die Gäste bei **Gerold Chuchi**. Das fängt bei den vielen bunten Regenschirmen an, die in der Geroldgasse in der Luft hängen und der Gasse auch den Spitznamen **Umbrella Alley** geben. Mit dieser unbewussten Hommage an Mary Poppins im Herzen kann man sich im Restaurant Burger und die fast legendären Spare

Ribs, hausgemachte Pasta mit exzellenten Saucen und vieles mehr schmecken lassen.
Geroldstrasse 5
8005 Zürich
Telefon +41 7 9282 5585
www.geroldchuchi.ch

Vom Feinsten: Seit 1998 verwöhnt das **Haus Hiltl** seine Gäste mit vegetarischen Spezialitäten und ist damit laut *Guinness Buch der Rekorde* das älteste vegetarische Restaurant der Welt. Heute wird es von Rolf Hiltl, dem Urenkel des Gründers Ambrosius Hiltl, geführt. Damals noch als „Wurzelbunker“ verschrien, gilt das Restaurant mit seinen Ablegern heute als der Treffpunkt der bewussten Szene. Neben dem Buffet und einer verlockenden Speisekarte gibt es hervorragende Weine.
Sihlstrasse 28, 8001 Zürich
Telefon +41 4 4227 7000
www.hiltl.ch

NIGHTLIFE

Eine große Gartenwirtschaft im Sommer, ein Wintergarten und Winterstübli zur kalten Jahreszeit und dabei eine der tollsten Weinbars, Cocktailbars und Orte für ein Käsefondue ist **Frau Gerolds Garten**. Eröffnet im Jahr 2012 hat sich hier inzwischen ein modularer Stadtgarten mit kleinen Shops, Kunst und vielen bunten Anlässen entwickelt.
Geroldstrasse 23
8005 Zürich
Telefon +41 7 8971 6764
www.fraugerold.ch

INSIDER-TIPP SIGHTSEEING

Ob mit oder ohne grünem Daumen, die **Sukkulenten-Sammlung im Botanischen Garten** lässt wohl niemanden kalt. Seit über 90 Jahren sammelt man hier Sukkulenten, zu denen beispielsweise auch Kakteen, Amaryllis und Aloe Vera zählen. Die Sammlung ist in einem Gewächshaus untergebracht und verfügt über mehr als 4.400 Pflanzenarten, was sie zu einer der

größten Sukkulenten-Sammlungen weltweit macht. Natürlich lohnt sich bei gutem Wetter auch ein Spaziergang und Picknick im bildschönen **botanischen Garten**.

Der **Bruno Weber Park** in Dietikon ist jederzeit eine Radtour entlang der Limmat

HIGH-LIGHT

wert. Der Skulpturenpark ist das beeindruckende Lebenswerk des Künstlers Bruno Weber auf dem 15.000 m² großen Grundstück seiner Eltern. Das Kernstück bildet der 2012 eröffnetet Wassergarten, doch überall auf dem Gelände findet man tonnenschwere und mit Mosaiken verzierten Tierfiguren und Fantasiewesen sowie ein Märchenschloss.

Zur Weinrebe 3
8953 Dietikon
www.weberpark.ch

Der **MFO-Park** im Stadtteil Neu-Oerlikon ist eher industriell angehaucht und befindet sich auf dem Gelände der ehemaligen Maschinenfabrik Oerlikon. Ein 17 Meter hohes Stahlgerüst mit 100 Metern Länge und 35 Metern Breite dient in der ehemaligen Fabrikhalle als Kletterhilfe für zahlreiche Pflanzen. Diese verfärben sich mit den Jahreszeiten, im Winter liegt das Gerüst relativ frei. Der Park erhielt für sein außerordentliches Design bereits einige Preise, darunter auch den Europäischen Gartenpreis.

RUNTERSCHALTEN

Mit dem Camper nach Schottland, das heißt gemütlich am Strand entlangfahren oder mitten durch beeindruckende Bergpanoramen steuern. Rechts und links der Strecke nur ein paar schottische Hochlandrinder und alte Herrenhäuser, eingebettet in die atemberaubende Natur. Eine Reise nach Schottland führt Wohnmobilisten und Campingfreunde in eines der schönsten Länder Nordeuropas. Martin Dorey hat die erlebnisreichsten Strecken durch das Heimatland von Haggis und Whiskey für Sie zusammengestellt. Jede Reiseroute wird ausführlich beschrieben und mit zahlreichen Fotos untermalt.

Martin Dorey
Take the slow road
Schottland
ISBN 978-3-667-11807-3

Martin Dorey zeigt Ihnen in seinem VW T5 California Beach die schönsten Straßen von der Bretagne bis zur Côte d'Azur. Er präsentiert idyllische Stellplätze, kleine und große Sehenswürdigkeiten und verrät interessante Insidertipps. Dazu fährt er mal durch beeindruckende Berglandschaften, mal gemütlich an Frankreichs Atlantikküste entlang. Alle Touren werden detailliert in stimmungsvollen Texten beschrieben und können einfach nachgefahren werden. Sie müssen nicht einmal ein Wohnmobil besitzen, denn Verleihtipps gibt es auch!

Martin Dorey
Take the slow road
Frankreich
ISBN 978-3-667-12238-4

HIER BLEIB ICH

Umfassender Campingführer mit über 1.400 großartigen Stellplätzen in ganz Deutschland - nach Themen gruppiert, üppig bebildert und mit Informationen wie Öffnungszeiten, Preise, Adressen, Entsorgungsmöglichkeiten etc. Ein Ortsregister erleichtert die Suche.

• für Wintersportler und Wassersportler • für Fußballfans • für Radfahrer • an Outlet-Centern • an Burgen und Schlössern • bei Volksfesten • für Museums-Liebhaber • für Weinkenner und Bier-Freunde • an Restaurants • für Autofans • für Tierfreunde • uvm.

Jens Lehmann
Die besten Wohnmobilstellplätze
Mehr als 1400 Stellplätze in ganz Deutschland
ISBN 978-3-667-12097-7

Tütensuppe, Ravioli aus der Dose oder einfach essen gehen – für viele stellt das Kochen im Camper eine echte Herausforderung dar. Dabei muss es gar nicht so kompliziert sein! Nur fünf Zutaten – und schon sind auch auf kleinstem Raum die leckersten Gerichte gezaubert. Der Trick: eine schnelle und platzsparende Zubereitung, wenig Töpfe und Geschirr und in jedem Supermarkt zu kaufende Zutaten! Vom Grillabend über den Picknickausflug bis hin zum Kuchenessen am Campingtisch bietet dieses Kochbuch alles, was das Herz begehrt.

Ira König
Das Reisemobil-Kochbuch
50 Rezepte für unterwegs
ISBN 978-3-667-12378-7

BILDNACHWEIS

Getty Images/Multiart: U1 M.r.; Adobe Stock/valeryegorov: U1 o.r.; Adobe Stock/Sina Ettmer: U1 u.r.; Dreamstime.com/Irina Paley: U1 u.l.; Getty Images/Angelika Heine: U4 u.r.; Imago/Imagebroker: U4 u.l.; Unsplash/Jannik Selz: S. 2;Unsplash/Henrique Ferreira: S. 4 o.r.; Unsplash/Marc Kleen: S. 4 u.r.; Unsplash/ Sebastian Mittermeier: S. 6/7; Unsplash/ Diego García: S. 8/9; Unsplash/Nick Karvounis: S. 10/11; iStock/fotomy: S. 13; Unsplash/Blake Wisz: S. 14/15; Unsplash/Scott Goodwill: S. 16; Unsplash: S. 17 o.; Unsplash/Kevin Schmid: S. 17u.; TILLHÅLL • www.tillhall.eu: S. 19, 20, 21Unsplash/Azhar J: S. 22/23; Unsplash/ Micaela Parente: S. 24; blue-amsterdam.nl: S. 4, 2.v.o.l./S. 25 u.; Camping Zeeburg Amsterdam: S. 4 o.l./S. 25 o.; www.foufow.nl: S. 26 o.; www.desilveren-spiegel.com: S. 26 u.l.; Unsplash/ Vitaliy Zamedyanskiy: S. 26 u.r.; Unsplash/Benjamin Zanatta: S. 27 u.; Unsplash/Bart Ros: S. 27 o.; Alamy Stock Foto/Nick Gammon: S. 27 M.r.; Unsplash/ Vitor Monteiro: S. 28/29; www.brightsidetours.com: S. 30 r.; Unsplash/Paulius Dragunas: S. 30 l.; www.muybuenas.cat: S. 31 u.; www.tresestrellascampings.com: S. 31 o.; www.confiteria.cat: S. 32 o.; Alamy Stock Foto/Hugh Mitton: S. 32 u.; Alamy Stock Foto/Stockimo/Claudette: S. 33 u.; Unsplash/Pedro de Sousa: S. 33 o.; Unsplash/Stefan Widua: S. 34/35; Getty Images/John Macdougall: S. 36 o./38 u.r.; www.city-camping-berlin.de: S. 36 u./37 o.; Tuluslotrek, Berlin/René Riis: S. 38 o.r.; Getty Images/LightRocket/John S Lander: S. 38 o.; Unsplash/Cezar Sampaio: S. 39 r.; Unsplash/Christian Lue: S. 39 l.; Getty Images/Atlantic Phototravel/Massimo Borchi: S. 40/41; www.camping-grimbergen.webs.com: S. 42; www.nonalife.com: S. 43 o.; Alamy Stock Foto/Jitraporn Leeniva: S. 4 M./S. 43 u.l.; www.bouchery-restaurant.be: S. 43 u.r.; Alamy Stock Foto/Boaz Rottem: S. 4 u.l./S. 44; Alamy Stock Foto/Lynne Sutherland: S. 45: u.; Unsplash/J Torres: S. 45 o.; Unsplash/Karolis Milisauskas: S. 46/47; Getty Images/macniak: S. 48 o.; www.camping-gdansk.pl: S. 48 u.; www.gdanskibowke.com: S. 49 o.; www.eliksir.pl: S. 49 u.; Getty Images/Corbis/Frédéric Soltan: S. 50 u.; www.flisak76.wixsite.com: S. 50 o.; Unsplash/Valik Chernetskyi: S. 51/Klappe vorn; Unsplash/Andres Garcia: S. 52/53; Getty Images/Gabriele Grassl: S. 54; www.cbm-camping.de: S. 55 o.; www.lilasosse.de: S. 55 u.; Getty Images/Light Field Studios: S. 56 M.l.; Getty Images/AndresGarciaM: S. 56 o.; Getty Images/yuelan: S. 56 u.; www.pfunds.de: S. 57; Unsplash/Mathias Konrath: S. 58/59; Unsplash/Kiran Reddy: S. 60; www.the-eppstein-project.de: S. 61; www.imherzen-afrikas-frankfurt.de: S. 62 l.; www.restaurant-druckwasserwerk.de: S. 62 r.; Getty Images/Sergio Delle Vedove: S. 63 u.; Unsplash/Daniel Cheung: S. 63 o.; Unsplash/Marc Schorr: S. 63 r.; Unsplash/Anokhi de Silva: S. 64/65/Klappe vorn; Unsplash/Xavier von Erlach: S. 66 o.; www.tcs.ch: S. 66 u.; www.thehotdogfaktory.ch: S. 67 u.; www.livingroombarandkitchen.com: S. 67 o.; Alamy Stock Foto/David Pearson: S. 68 l.; Alamy Stock Foto/Diego Grandi: S. 68 r.; Alamy Stock Foto/Roy Langstaff: S. 69; Unsplash/Patrick Rosenkranz: S. 70/71; Unsplash/Toby Christopher: S. 72; www.elbecamp.de: S. 73 o.; www.dezmartenpanther.de: S. 73 u.; Unsplash/Vanessa Schmid: S. 74 r.; www.jellyfish-restaurant.de: S. 74 l.; Unsplash/reiseuhu: S. 75 u.; Unsplash/Peter Herrmann: S. 75 o.; Unsplash/Nick Karvounis: S. 76/77; Unsplash/Febiyan: S. 78; Photo: dcu.dk - Rasmus Schoenning: S. 79 o.Getty Images/izhairguns: S. 79 u.l.; Unsplash/Lisa Amann: S. 79 u.r.; www.nimb.dk/da/bar-og-restaurant/gemyse: S. 80 l.; Unsplash/Sedki Alimam: S. 80 r.; Unsplash/Brian Kyed: S. 81; Unsplash/Svetlana Gumerova: S. 82/83; Unsplash/Nick Fewings: S. 84 o.; www.lisboacamping.com: S. 84 u.; Alamy Stock Foto/JBCarvalho Photography: S. 85 l.; www.peixariamo-derna.com: S. 85 r.; Unsplash/Luca Severin: S. 86; Unsplash/Annie Spratt: S. 87 o.r.; Unsplash/Miguel Ferreira: S. 87 u.r.; Unsplash/Katie Luka: S. 87 o.l.; Unsplash/Alano Oliveira: S. 87 u.l.; Unsplash/Marcin Nowak: S. 88/89; Unsplash/Sarah Ehlers: S. 90 o.; www.caravanclub.co.uk: S. 90 u.; www.murielskitchen.co.uk: S. 91 o.; www.gymkhanalondon.com: S. 91 u.; Unsplash/Jack B: S. 92 r.; Unsplash/Louis Hansel: S. 92 l.; Unsplash/Walter Martin: S. 93 o.; Unsplash/McGill Library: S. 93 u.; Unsplash/Jorge Fernandez Salas: S. 94/95; Unsplash/Filimon Ana-Maria: S. 96 o.; www.campingo-suna.com: S. 96 u.; www.labarraca.es: S. 97 u.; www.botin.es: S. 97 o.; Unsplash/alevision.co: S. 98/99/Klappe vorn; Unsplash/Ouael ben Salah: S. 100 /101; Unsplash/Annie Spratt: S. 102/Klappe vorn; www.campingmilano.it: S. 103 o.l.; www.erbabrusca.it: S. 103 o.r.; www.ariccio-neterrazza12.it: S. 103 u.; www.camparino.com: S. 104; Getty Images/Silvia Zecchin: S. 105; Unsplash/Daniel Sessler: S. 106/107; Unsplash/Wolfgang Troscher: S. 108 u.; www.campingplatz-muenchen.de: S. 108 o.; www.prinzmyshkin.com: S. 109 u.l.; www.weinhaus-neuner.de: S. 109 u.r.; Getty Images/Hiroshi Higuchi: S. 110 r.; Getty Images/Hannes Magerstaedt: S. 110 l.; Unsplash/Jan Antonin Kolar: S. 111; Unsplash/Marian Rotea: S. 112/113/Klappe hinten; Unsplash/Thais do Rio: S. 114; www.top-camp.no/en/bogstad/bogstad-camping: S. 115 o.; www.smalhans.no: S. 115 u.; www.ekebergrestauranten.com: S. 116 o.l.; Alamy Stock Foto/Ian Dagnall: S. 116 o.r.; Unsplash/Jonas Jacobsson: S. 116 u.; Alamy Stock Foto/Architect´s Eye: S. 117 Unsplash/Chris Karidis: S. 118/119; Unsplash/Sebastien Gabriel: S. 120 o.; Alamy Stock Foto/Anna Berkut: S. 120 u.; www.campingparis.fr: S. 121 o.; www.le-strobi.fr: S. 121 u.;Alamy Stock Foto/Lisandro Trarbach: S. 123 u.; Alamy Stock Foto/A. Astes: S. 123 o.; Unsplash/William Zhang: S. 124/125; Unsplash/Jan Jakub Nanista: S. 126; www.praguecentralcamp.com: S. 127 o.; www.krcma.cz: S. 127 u.l.; www.jaffa-restaurant.cz: S. 127 u.r.; www.vinograf.cz: S. 128 u.; Alamy Stock Foto/Zoonar GmbH: 128 o.; Alamy Stock Foto/Picture Partners: S. 129; Unsplash/Christopher Czermak: S 130/131; Unsplash/Karl Kohler: S. 132 o.; www.village-flaminio.com: S. 132 u.; www.feliceatestaccio.com: S. 133 u.r.; Unsplash/Ivan Torres: S. 133 u.l.; www.blackmarkethall.com: S. 134 l.; www.gelatosanlorenzo.com: S. 134 r.; Unsplash/Gabriella Clare Marino: S. 135; Getty Images/Tomas Sereda: S. 136/137; www.stadscamping-rotterdam.nl: S. 138 u.; Getty Images/Heptana: S. 138 o.; www.alohabar.nl: S. 139 l.; www.manmetbril-koffie.nl: S. 139 r.; www.fgrestaurant.nl: S. 140 o.; biergartenrotterdam.nl: S. 140 u.; Alamy Stock Foto/Jan Fritz: S. 141; Unsplash/Zhang Xiaoyu: S. 142/143; www.camping-nord-sam.com: S. 144; www.dieweisse.at: S. 145 r.; www.humboldtstubn.at: S. 145 l.; Unsplash/Eugeniya Belova: S. 146 o.; Alamy Stock Foto/Mi.Ti: S. 146 u.; Alamy Stock Foto/Allstar Picture Library Ltd.: S. 147; Getty Images/scanrail: S. 148/149/U4 o.l.; www.gamlastanscykel.se: S. 150 u.; en.firstcamp.se: S. 150 o./U4 o.r.; restaurang-krypin.se: S. 151 o.r.; hermans.se: S. 151 l.; www.sthlmunderstjarnorna.com: S 151 u.; artipelag.se: S. 152 o.; Alamy Stock Foto/Folio Images: S. 4, 2.v.u.l./S. 152 u./U1 o.l.; Getty Images/Vladislav Zolotov: S. 153; Unsplash/DAT VO: S. 154/155; Unsplash/Maeva Vigier: S. 156; www.camping-la-bouri-ette-toulouse.fr: S. 157 o.; www.lecafecerise.fr: S. 157 u.l.; www.mabichesurletoit.com: S. 157 u.r.; Unsplash/Thomas Despeyroux: S. 158 u./Klappe hinten; Unsplash/Bas Peperzak: S. 158 o.; Alamy Stock Foto/agefotostock: S. 159 u.; Alamy Stock Foto/Sagarphoto.com/Forget Patrick: S. 159 o.; Unsplash/Aldric Janover: S. 159 M.; Unsplash/Jacek Dylag: S. 160/161; Unsplash/Arno Senoner: S. 162; www.campingwien.at: S. 163 o.; www.kameel.at: S. 163 u.; Unsplash/Sandro Gonzalez: S. 164/Klappe hinten; Alamy Stock Foto/Creator: S. 165; Unsplash/Henrique Ferrreira: S. 166/167; Unsplash/Alexander Schimmeck: S. 168; Unsplash/Arie Wubben: S. 169 u.; www.fischers-fritz.ch: S. 169 o.; www.geroldchuchi.ch: S. 169 M.; Alamy Stock Foto/Prisma by Dukas Presseagentur GmbH: S. 170 u.r.; www.fraugerold.ch: S. 170 u.l.; Unsplash/Katrin Hauf: S. 170 o.; Unsplash/Claudio Schwarz: S. 171/Klappe hinten

Bibliografische Information der Deutschen Nationalbibliothek
Die Deutsche Nationalbibliothek verzeichnet diese Publikation in der Deutschen Nationalbibliografie; detaillierte bibliografische Daten sind im Internet über http://dnb.dnb.de abrufbar.

1. Auflage
ISBN 978-3-667-11689-5

Texte: Isabel Kleine
Lektorat: Hanno Vienken
Layout: Ralf Reiche, Weusthoff & Reiche Design, Köln
Umschlaggestaltung: Jörg Weusthoff, Weusthoff & Reiche Design, Hamburg
Lithografie: Mohn Media, Gütersloh
Druck: Couleurs Print & More GmbH, Köln
Printed in the European Union 2022

Delius Klasing Verlag, Siekerwall 21, D – 33602 Bielefeld
Tel.: 0521/559-0, Fax: 0521/559-115
E-Mail: info@delius-klasing.de, www.delius-klasing.de